保育が変わる！
子どもの育ちを引き出す
言葉かけ

鈴木八重子=著

チャイルド本社

目次

はじめに……………6

登園・降園

CASE1	登園後、特定の保育者がいないと、不安になって後追いをします	……………10
CASE2	登園時におもちゃを持ってきて、なかなか手離せません	……………12
CASE3	毎朝、登園時に泣いてしまい、保護者から離れません	……………14
CASE4	その場にいない方の保護者と「一緒に登園したかった」と毎日言います	……………16
CASE5	保護者が迎えに来たのに、帰りたがりません	……………18

食事

CASE6	食べ物をほおばり、ほとんど咀嚼せずに丸飲みしてしまいます	……………20
CASE7	食事中に必ず眠くなってしまい完食できません	……………22
CASE8	スプーンやフォークがうまく使えず、手づかみで食べてしまいます	……………24
CASE9	食べさせてもらってばかりで、自分からは食べようとしません	……………26
CASE10	偏食が多く、嫌いな物は一口も食べません	……………28
CASE11	食事のスピードが速く、一度にかなりの量を食べてしまいます	……………30
CASE12	食事への意欲がなく、いつも給食を残してしまいます	……………32
CASE13	アレルギー対応でお弁当の子。給食を食べたそうにしています	……………34
CASE14	箸をうまく使って食べることができません	……………36

睡眠

CASE15	寝つきが悪く、ちょっとした物音で目覚めてしまいます	……………38
CASE16	慣らし保育中、午睡を嫌がって布団に入りたがりません	……………40

排泄

CASE17	トイレトレーニングができそうですが、トイレに行きたがりません	……………42
CASE18	進級してから、頻繁におもらしをしてしまいます	……………44
CASE19	トイレで立って排尿することができず、座ってしまいます	……………46
CASE20	パンツに移行済みですが排便はおむつの中にしかできません	……………48

CONTENTS

CASE21	トイレットペーパーをうまく使うことができません	50
CASE22	おもらしを気にして、遊びの途中で何度もトイレに行きます	52
CASE23	寝る前にトイレに行ってもおねしょをしてしまいます	54
CASE24	排便の始末が上手にできずパンツを汚してしまいます	56
CASE25	遠足先の和式トイレを嫌がって、使いたがりません	58

清潔

CASE26	うがいが苦手で、いつも洋服を濡らしてしまいます	60
CASE27	歯磨きをしながら、友達に話しかけたり立ち歩いたりしています	62
CASE28	鼻水が出ていても気にせず、洋服の袖で拭いてしまいます	64
CASE29	手洗いを面倒がり、洗わなかったり雑に済ませたりします	66

着替え

CASE30	着替えの時、ボタンがはめられずイライラしてしまいます	68
CASE31	苦手な着替えをやりたがらず、いつも「やって」と持ってきます	70
CASE32	靴が左右反対でも気にせずに履いてしまいます	72
CASE33	洋服を裏返しや前後反対に着ても、平気な様子です	74

遊び

CASE34	無表情な0歳児。どんな関わりが必要ですか？	76
CASE35	腹ばいやはいはいを嫌がって、すぐ座って動かなくなります	78
CASE36	保育者の膝を独占し、他児が寄ってくると払いのけます	80
CASE37	0歳児の散歩があまり楽しそうではありません	82
CASE38	一度に何人もの子ども達が遊んでほしそうにしています	84
CASE39	絵本を読まずに、持ち歩いたり破いたりしてしまいます	86
CASE40	おもちゃを独り占めして、友達に貸すことができません	88
CASE41	友達が遊んでいるおもちゃばかり欲しがって強引に取ってしまいます	90
CASE42	友達の遊びを邪魔したり作った物を壊したりしては逃げ回ります	92
CASE43	手が汚れるのを嫌がり、砂、土、粘土、のりなどを触りません	94

CASE44	虫を見つけると、踏みつけて遊んでしまいます	96
CASE45	ミニカー遊びが大好きで、他の遊びや友達に興味を示しません	98
CASE46	友達と同じようにはさみを使いたがりますがうまくできません	100
CASE47	集団遊びのルールがわからず、思い通りにならないと大泣きします	102
CASE48	戦いごっこに夢中になり過ぎて、友達を泣かせてしまいます	104
CASE49	自分から遊びに入れず、ずっと他児の様子を見ているばかりです	106
CASE50	絵になかなか取り組めず、友達のまねをして描いてしまいます	108
CASE51	絵本や紙芝居に集中できず友達にちょっかいを出してしまいます	110

園外保育

CASE52	体調を崩し、楽しみにしていた行事に参加できませんでした	112
CASE53	公園に散歩に行くと、必ず入ってはいけない場所に行ってしまいます	114
CASE54	公園から帰る時、「帰りたくない」と大泣きします	116
CASE55	散歩中、周りが見えずに前方の電柱や自転車にぶつかってしまいます	118

友達関係

CASE56	何でも一番にならないと気がすみません	120
CASE57	そばにいる何もしていない友達を噛んでしまいます	122
CASE58	特定の友達としか一緒に遊ぼうとしません	124
CASE59	思い通りにならないと「ばか」「死ね」という言葉を使います	126
CASE60	友達の悪いところばかり指摘するので、遊びが長続きしません	128
CASE61	他の子がしていることをすぐ保育者に告げ口してきます	130
CASE62	マイペースで行動が遅く、集団行動に影響が出てしまいます	132
CASE63	何かにつけて遊び友達を仲間外れにしてしまいます	134
CASE64	自己主張が強く、何でも自分の思いを通そうとします	136

行動理解

| CASE65 | 他クラスの保育者に人見知りして、泣いてしまいます | 138 |
| CASE66 | 弟が生まれてから、赤ちゃん返りをしています | 140 |

CASE67	新しいクラスに慣れず爪噛みや指しゃぶりをしています	142
CASE68	次の行動に移る時、保育者の誘いにすべて「嫌」と答え、応じません	144
CASE69	こだわりが強く、次の行動に移ることがなかなかできません	146
CASE70	緊張したり急いだりすると、吃音になってしまいます	148
CASE71	目立たない当番活動は「疲れた〜」と言ってやりたがりません	150
CASE72	「だって」「でも」と言い訳ばかりして嫌なことをやりません	152
CASE73	手伝いに興味が出て、食事の配膳をやってみたいようです	154
CASE74	自分で遊んだおもちゃだけしか片付けません	156
CASE75	自分の気持ちや考えを人前で言うことができません	158
CASE76	人前に出ると緊張して、わざとふざけてしまいます	160
CASE77	都合が悪くなると作り話をして、友達を言いくるめようとします	162

保護者対応

CASE78	肌をただれさせるなど、忙しさで子どもへのケアが不十分な保護者	164
CASE79	前日に39℃の熱を出したのに、子どもを登園させる保護者	166
CASE80	「いつもうちの子ばかり噛まれる」と訴えてくる保護者	168
CASE81	連絡帳に書くだけで、口頭では何も伝えてくれない保護者	170
CASE82	朝食を用意できず、食べさせないで登園させる保護者	172
CASE83	いつも厚着で登園させ日中も脱がせないよう求める保護者	174
CASE84	トイレトレーニングを急いで進めようとする保護者	176
CASE85	反応が薄く、コミュニケーションが取りづらい保護者	178
CASE86	遅くまで就寝させず、睡眠不足のまま登園させる保護者	180
CASE87	きょうだいを比較し、姉と同じことを弟にも強要する保護者	182
CASE88	読み書きを教えてほしいと言う保護者	184
CASE89	特定の子と遊ばせないでほしいと要望する保護者	186
CASE90	園外でのトラブルに対処してほしいと言う保護者	188
CASE91	子どもの前で夫や姑の悪口や愚痴を言う保護者	190

はじめに

　子ども達はいつも生活や遊びを通して、いろいろなことを保育者に教えてくれます。およそ40年の保育者経験の中で、子ども達から学んだことが私の大切な財産です。

　0歳児9名を、保育者4名で担任した時のことです。例年のように月齢で担当児を決め、保育がスタートしましたが、担当とは違う保育者を慕って、そばに寄っていく子ども達の姿がありました。自然と決められた担当制は崩れていき、子どもが選んでくれた保育者が対応するようになると、子どもは安心して園に慣れていき、保育がとてもスムーズになりました。決めたことがらにこだわらず柔軟に対応することは、保育においてとても大事だとわかった経験でした。

　このように、子どもからの発信を保育にいかすことは、子どもが安心して生活できるようにしたり、子どもの成長を促したりする一番の近道です。子どもの発信は、生活のいたるところで行動からうかがうことができますが、受け止めようとしないと見逃してしまいがちです。保育の中で常に子どもの発信を見逃さず、様子や思いをしっかりと受け止めて解決策を考えることで、子ども理解が深まり

PROLOGUE

ます。そうした保育者の上手な言葉かけが、子どもの気持ちを切り替え、育ちを引き出していくのです。

　例えば、靴を自分で履こうとして上手にできなかった子が、保育者が手伝ったら大泣きしてしまい、なかなか気持ちがおさまらなかった――。保育ではよく見かける場面です。一旦怒ってしまうと、子どもの気持ちはなかなかおさまりません。それでも「自分で履きたかったんだよね。待ってるから履いてごらん」と言葉をかけると、受け入れてもらえた安心感から気持ちを切り替え、前向きに行動することができるようになるのです。

　以前、一週間ほど研修で園に来ていた小学校の新人教師が、研修を終え、「園の子ども達がこんなに大切にされていることを知って感動し、小学生も大切にしなければならないと感じました」と語ってくれたことがありました。それは私達にとって、この上ないほめ言葉でした。

　子どもを大切に育むことは、子育ての、そして保育の原点です。同時に、保育の中で一番大事にされなければならないことなのです。園では、長い子で一日11時間も生活をします。だからこそ、楽し

い時間やほっとできるひととき、自分の居場所が必要です。どの子にも、自分らしく存在を認められ、大切にされているという実感がもてる生活が求められるのです。園時代を豊かに過ごすことは、その後の成長に少なからず影響を与えると考えます。園で大人にたくさん関わってもらい、受容されて育つと、やがて自分からさまざまなことに挑戦するようになります。そして、失敗しながらも成功体験を重ね、多くを学んで成長していくのです。その裏では、保育者の並々ならぬ努力が、子どもの支えになっていることは言うまでもありません。

　保育は、日々行きつ戻りつでなかなか思うようにはいかないのが常です。試行錯誤しながら、その子にとって最良の方法を見出していく過程は、大変な努力を要しますが、結果、保育者自身の達成感や保育の楽しさや喜びを味わえる醍醐味となっていくのではないでしょうか。

　この本には、保育の中で起こりがちな具体的な事例を集めました。それぞれの事例に、読み取りと、子どもの気持ちを切り替えて育ちを引き出す言葉かけ、そして解説として保育の中でいかせる具体

PROLOGUE

　な対応や方法を載せています。子どもの行動の裏にあるものを読み取ることで、理解が深まり、解決策が見えてきます。その上で丁寧に対応することで信頼関係ができ、解決につながるのです。さらに、クラス担任同士や園全体で、子どもの見方や寄り添い方などといった保育の経験を共有できると、"経験知"も広まります。

　「子どもの行動には必ず意味がある」そして「子どもの行動に無駄なことはない」。このことを頭の片隅に置きながら、じっくりと子どもと向き合い、その時々に合った言葉かけや対応を見出してください。そして、時にはワクワクドキドキの遊び心をもって、子ども達と一緒に楽しみながら保育を進めていかれることを願っています。

　　　　　　　　　　　　　　　　　　　　　　　　鈴木八重子

登園・降園

CASE1

登園後、特定の保育者がいないと、不安になって後追いをします

1歳児のMちゃんは、特定の担任保育者にべったり甘えています。朝の受け入れ後に姿が見えなくなると不安になり、出て行った方向を指さして後追いをします。そのまま、遊びに入ることができず保育者が戻ってくるのを待っています。

考えられること

入園まで保護者とゆったり生活してきた子どもは、集団の中でなかなか落ち着くことができません。安心するために、甘えられる人を本能的に探します。そして、担任の1人に愛着をもち、甘えたり後追いしたりするのです。子どもにとっては保護者と同じ存在なので、姿が見えなくなると不安になり遊べなくなったりします。

育ちを引き出す言葉かけ

○○先生が好きなんだね。先生が来るまで待っていようね。

担任全員で優しく丁寧に関わり信頼関係作りをする

慣れるまでは、本人の気持ちを十分受け入れましょう。「○○先生が好きなんだね」「○○先生が来るまで待っていようね」と受容します。家庭と同じように自分が受け入れられると、だんだん安心して、他の保育者の話しかけに耳を傾けたり、誘いに応じたりできるようになります。また、普段から大好きな担任と一緒に遊び込むことで、遊びの楽しさを広げていきましょう。遊びへの興味が出てくると、特定の保育者以外にも気持ちが向いて遊べるようになり、人との関係が広まります。担任同士で子どもの様子を伝え合いながら、同じように丁寧に対応していきましょう。

 これはNG！ 気持ちを受容せず、他の担任が強引に関わる

「○○先生はお仕事中だから、諦めなさい！」と気持ちに寄り添わないまま対応しても、不安にさせるだけです。

登園・降園

CASE2

登園時におもちゃを持ってきて、なかなか手離せません

1歳児のWくんは、必ずおもちゃを持って登園します。保護者も「ぐずぐずされるよりは……」と、安易に渡してしまっているようです。しかし園に着いても手離すことができず、結局叱られて大泣きするなど、親子分離にも影響しています。

考えられること

朝は保護者も忙しく、子どもに丁寧に接していられないことがよくあります。慌ただしい中、子どもながらによりどころを自分で探し、自分の好きなおもちゃを手に持っていることで安心しているのでしょう。そのおかげで登園まではスムーズですが、心の支えであるおもちゃを手離すのに時間がかかってしまうのです。

育ちを引き出す言葉かけ

Wくんの大事なおもちゃだからおうちに帰る時まで、ママのバッグにしまっておこうね。

気持ちを受け止めつつも、おもちゃをしまうことを繰り返し伝える

　自分のおもちゃを持ってこないというルールのある園が多いですが、朝の様子でしかたがない時もあります。「大事なおもちゃを友達が欲しがったり、なくしたりしたら困るので、園に着いたらおもちゃはしまう」ということを繰り返し伝えていきます。手離せない時も、強引に奪ってしまうのではなく、子どもの気持ちを受容しながら、ゆっくりと納得させることが大切です。また、おもちゃ自体に固執しているのではなく、単に保護者と離れがたいだけの場合もあります。おもちゃがなくても安心できるように保育者がゆったりと受け入れ、様子を見ながら好きな遊びに誘っていきましょう。

 これはNG！

叱ったり許したりと対応を一貫させない

その時々で、叱ったり許したりと一貫性のない対応をすると、子どもがおもちゃを手離す時に決断ができなくなってしまいます。

登園・降園

CASE3

毎朝、登園時に泣いてしまい、保護者から離れません

2歳児のRちゃんは、毎朝登園時に保護者から離れられず大泣きします。保護者は引き離すようにして保育者に託していきますが、姿が見えなくなるまでずっと泣いているので、心配しています。

考えられること

→ 朝は時間に余裕がない家庭が多いものです。子どもは急がされ、見たいテレビを消されたり、朝食を途中で切り上げられたりなど思い通りにならないことが多く、その不満を、泣いたりぐずったりして表しているのです。また、年齢が低ければ低いほど、「保護者とずっと一緒にいたい」という思いで泣くのは自然な姿です。

育ちを引き出す言葉かけ

おはよう、待っていたよ。「Rちゃん来ないかな〜」ってお友達も待っているよ。

毎日、同じ保育者が受け入れて安心させる

　朝、保護者と離れがたいのはどの年齢でも同じで、2歳児であればなおさらです。自分が園に行きたがらなかったり泣いたりすることで保護者が困ると、よけいに同様の行動をとりたがります。そんな時は、子どもが信頼している担任が毎日出迎え、気持ちを受け止めましょう。同じ人が出迎えると保護者も子どもも安心します。また、日中の遊びが充実すると、園には大好きな保育者がいて、楽しい遊びや友達が待っているということを覚えていきます。すると保護者と離れる時に一時的に泣いても、保育者に受け入れられると安心し、泣きやんで遊ぶことができるようになります。

 これはNG!　保護者から無理やり引き離す

「お母さんは仕事だから、我慢しなさい」などと声をかけ、保護者から無理やり引き離しては、子どもは安心できません。

登園・降園

CASE4

その場にいない方の保護者と「一緒に登園したかった」と毎日言います

3歳児のKくんは、父親と登園すると「ママがよかった」、母親と登園すると「パパがよかった」と言って困らせます。「明日はママにするね」と言われても納得しません。

考えられること

→ かなわないとわかっていても、毎朝違うことを言ってしまうのは、本当にその日にいない方の保護者と来たかったというよりは、父親や母親を困らせることで、少しでも一緒にいたいという気持ちがあるからです。また、両親や保育者など、みんなが自分の方を見て、関心をもって関わってくれることが、嬉しく心地よいのです。

育ちを引き出す言葉かけ

パパもママも大好きなんだよね。でも2人一緒には来れないよ。

 これはNG！ わがままだと決めつけ気持ちを受容しない

ないものねだりの困った子と判断し「昨日は違うことを言っていた」などと責めてしまうと、子どもは気分転換ができません。

子どもの気持ちを受容しながらも、できないことは曖昧にしない

わがままだと安易に判断せず、何気ないそぶりや言葉から、子どもの思いや考えるヒントを見い出しましょう。3歳児は、まだまだ自分が中心です。無理なことでも「〜したかったのね」と一旦は受容しましょう。受け入れてもらったことで安心し、それ以上困らせることも少なくなります。同時に、日頃からできないことは曖昧にせず、保護者や保育者の思いとともにしっかり伝えます。そして、園での生活を見直して、子どもが満足して楽しく遊べるよう工夫しましょう。家庭でも、子どもとの時間を大切にしてもらうなど、気持ちを満たす関わりをしてもらうように伝えていきます。

CASE5

登園・降園

保護者が迎えに来たのに、帰りたがりません

　3歳児のGくんは、保護者が迎えにくると、わざと逃げ回ったり、新しい遊びを始めたりして、帰りたがりません。「もっと遊びたい」「今遊び始めたばかり」など理由をつけますが、結局、叱られて泣きながら帰宅します。

考えられること

→　園で一日を過ごすと、夕方には子どもに疲れが出てきます。保護者が迎えにくると、喜んで帰宅する子が多い反面、そんなに遊びたいわけではなくても、わざと遊び続けて困らせる子もいます。保護者はどう対応してよいかわからず、すぐ叱ったり、反対に機嫌を取ったりと、その場しのぎの対応で子どもを振り回してしまいがちです。

育ちを引き出す言葉かけ

Gくんのブロック、ここに置いておくね。続きは、また明日やろうね。

切り替えができる言葉をかけながら、気持ちを受け止める

「帰りなさい」と、すぐに叱ってしまうのではなく、子どもの行動の奥にある気持ちを受け止めながら、気持ちが切り替えられる言葉をかけていきましょう。迎えが来てもなかなか帰ろうとしないのは、遊びに集中して切り替えができないこともありますが、保護者を困らせて反応を確かめたい気持ちもあるのです。また、帰宅しても一緒に遊んでもらえない、関わってもらえないなど、子どもなりに不満があるのかもしれません。園での生活が原因かもしれないので、日頃の保育も振り返ってみましょう。子どもの行動には必ず子どもなりの理由があるのです。

これはNG! 迎えが来たからと、強引に帰らせる

遊びの途中でもやめさせ、強引に帰宅させると、「もっと遊びたかった」とよけいに不満を残してしまいます。

食事

CASE6

食べ物をほおばり、ほとんど咀嚼せずに丸飲みしてしまいます

1歳児のSちゃんは昼食の時、待ちかねたように、一度にたくさんの食べ物を口に入れます。次々に口に入れ、ほとんど咀嚼せずに丸飲みするので、あっという間に食べ終わってしまいます。

考えられること

→ 1歳児は、目の前に食事が出されると、待っていられません。すぐ食べたくなるし、実際に食べてしまう年齢です。さらに朝食をしっかり食べていなかったり、朝早くから登園していたりすると、なおさら空腹なので、急ぐあまり噛まずに飲み込んでしまいがちです。それが続くうちに、噛まないことが習慣化してしまうのです。

育ちを引き出す言葉かけ

先生のお口を見て。「カミカミ」だよ。先生みたいに上手にできるかな？

噛むことを、わかりやすく教えながらゆっくり食べさせる

　子どもが自分で食べる意欲を大切にしつつ、保育者がそばについて「カミカミ」と口を動かして見せながら噛むことを意識する言葉をかけ、ゆっくり食べさせていきましょう。一緒に食べながら噛む様子を見せていくと、子どもにもわかりやすくなります。同時に、スプーンやフォークをしっかり握って、口に運べるよう練習します。食具を使って上手に食べようとすると、そこに神経が集中して、ゆっくり食べられるようになります。食事は、少しずつテーブルに出すと、目移りせず落ち着いて食べられます。また、朝食をしっかり食べてくるよう、家庭に働きかけることも大切です。

 これはNG! 食事のたびに、強い口調でしつこく言葉かけをする

「また噛んでないよ」などとマイナスの言葉をかけ続けると、食事が楽しくないと思うようになってしまいます。

食事

CASE7

食事中に必ず眠くなってしまい完食できません

1歳児のWくんは、毎朝8時前には登園します。食事は張り切ってよく食べますが、早くから起きているので、途中で眠くなってしまいます。毎日、食べながらウトウトしてしまい、なかなか完食できません。

考えられること

早起きの子どもは、午前の活動が終わる頃には、すでに疲れが出て眠たくなってしまいがちです。おなかが空いているので、張り切って食事をとろうとしても、体力がもたずに途中から眠くなってしまうのです。一旦眠くなると、食べ続けるのは難しいものです。

> 育ちを引き出す言葉かけ

眠くならないうちに早く食べようね。好きな物から食べていいよ。

これはNG! 規定量を食べさせようと、無理をさせる

眠っているのに、体を揺らしながら食べ物を口に入れるなど、無理やり食べさせると誤飲につながる危険があります。

途中で眠くなる子は早めの時間に食べさせ、無理はしない

1歳児は、離乳食から幼児食へと変わり、何でも「自分で」と頑張って食べる時期です。スプーンやフォークを持つ手にも力が入るので、食べるだけでもかなりのエネルギーを使っているのです。加えて朝早くから起きている場合は、途中で眠くなるのはしかたありません。声をかけて励ましながら、大好きな物から先に食べるなど工夫してみましょう。また1歳児は、月齢差による体力と生活ペース両方への配慮が必要です。他の子より早めに食べさせたり、無理をせず途中で終わりにしたりするなど柔軟に対応し、あまり食べられなかった時はおやつで調整するようにしましょう。

食事

CASE8

スプーンやフォークが うまく使えず、手づかみで 食べてしまいます

1歳児のTちゃんは、スプーンやフォークを積極的に使おうとしますが、思うように食べ物を口に運べません。途中からあきらめて手で食べ始めます。介助しようとすると、嫌がって保育者の手を振り払います。

考えられること

→ 1歳児はまだまだ握力がなく、手も器用に動かせません。ですから、食具をしっかり持つのもまだまだ難しいのです。最初は張り切ってスプーンやフォークを持って食べようとしていても、だんだん疲れてしまいます。それでも、自分で食べたいという思いが強いので、手づかみでも自分で食べようとするのです。

育ちを引き出す言葉かけ

自分で食べてえらいね。スプーンを上からギュッて握ると上手に食べられるよ。

意欲的に食べることをほめながら、食具の使い方を伝える

　食具を上手に持てるようにするには、持ち方を丁寧に教えることが必要です。最初、スプーンを上握りから始めるとよいでしょう。慣れてきたら、箸に移行しやすいように下から握れるようにしていきます。「食べ物を口に運んで食べる」という一連の動きは、繰り返しやっていくうちにできるようになります。本人の食べる意欲を大事にしながら、焦らずゆっくり進めましょう。同時に、つまむ、引っ張る、ねじるといった手先の遊びや、なぐり書きでぐるぐると手や手首を回したり返したりするなど、遊びの中で手をたくさん使っていくとよいでしょう。

 これはNG！　手で食べることを無理にやめさせる

「手で食べないの」と否定的な言葉をかけ、無理やり食具を持たせて食べさせようとすると、食べる意欲をなくしてしまいます。

食事

CASE9

食べさせてもらってばかりで、自分からは食べようとしません

1歳児のWくんは、食事を自分から食べようとしません。周りの子が食べ始めても、保育者が食べさせてくれるのを待っています。家庭でも、離乳食の延長でずっと食べさせてもらっているようです。

考えられること

集団での食事に慣れていない子どもにとっては、家庭と同じように、保育者に食べさせてもらうことが当たり前なのです。また、保育者に頼って甘えている面もあります。食べさせてもらうことで保育者との関係を確かめ、安心しているのです。一方で、おなかが空いていない、食事にあまり関心がないなども理由として考えられます。

育ちを引き出す言葉かけ

スプーンにのせてゆっくりお口に持っていくと食べられるよ。

 これはNG! あきらめて、保育者が食べさせてしまう

大人が全部食べさせ続けてしまっては、いつまでも自分で食べようという意欲が出ません。

食べ方を知らせる一方で、食べやすいよう工夫する

まずは子どもとの信頼関係を大事にし、「食べさせてもらいたい」という気持ちを受け止めます。そして、食具の持ち方や使い方を具体的に知らせたり、食が進む言葉かけをしたりしながら、ゆったりと介助しましょう。受容されると周りにも目がいき、友達と同じように自分もやってみようという気持ちになります。一方で、パンなどは手に持てるサイズに切って皿に置くなど、子どもが自分で食べられるような工夫もしていきます。そうすると、保育者が声をかけなくても、何気なく手を伸ばして自分で食べるようになっていきます。また、食事前に体を動かす活動をして、空腹になってから食べることも、意欲につながります。

食事

CASE10
偏食が多く、嫌いな物は一口も食べません

２歳児のＫちゃんは偏食が激しく、野菜や果物など嫌いな物は一切食べず、それらの皿は遠ざけてしまいます。転入したばかりですが、前園ではお弁当持参で、好きな物ばかり食べていたようです。

考えられること

前園でも家庭でも、嫌いな物を口にする機会がなかったことが想像されます。園の給食では栄養価を考え、旬の物も取り入れたいろいろなメニューが出されます。Ｋちゃんは、初めて目にする物や苦手な食材など、慣れない物が非常に多いことに困惑しているのです。その結果、嫌いな物を自分の前に置かれるのも嫌がっているのです。

育ちを引き出す言葉かけ

Kちゃんもこれを食べたら、お友達みたいに三輪車に乗れるかも！

励ましながら食べられるようになるきっかけを探していく

　嫌いな物が食べられるようになるには、きっかけや時間が必要です。無理に食べさせるのではなく、いろいろな食べ物を食べると、大好きな子と同じことができるようになると励ます、保護者が隣で食事をするなど、いろいろ工夫してみましょう。また食材に慣れ親しむため、ナスやピーマン、キュウリなどの野菜を栽培したり、トウモロコシやソラマメの皮むきなどを経験したりできると、食材をより身近に感じることができます。焦らず、気長に働きかけていきましょう。家庭にも、あきらめずに嫌いな物も食卓にのせる、メニューを工夫するなどの努力をお願いしましょう。

 少しでも食べさせようと、無理に口に入れる

子どもが嫌がっているのに無理に食べさせようとすると、食事が楽しくなくなり、信頼関係も崩れてしまいます。

食事

CASE11
食事のスピードが速く、一度にかなりの量を食べてしまいます

2歳児のMくんは、食べるスピードが速く、あっという間に食べ終えてしまいます。さらに、規定量では満足せず、おかわりを欲しがります。園ではおかわりの限界がありますが、家ではかなりの量を食べているそうです。

考えられること

おなかが空いていると、どうしても一度にたくさんの食べ物を口に入れて急いで食べてしまいます。急いで食べると規定量を食べても満足できず、おかわりが欲しくなり、そうしてたくさん食べることが習慣化してしまっているようです。園では一定量のおかわりで我慢し、家に帰ってからは食べたい量だけ食べてしまうのです。

育ちを引き出す言葉かけ

○○ちゃんみたいに よく噛んでね。 ゆっくり食べよう。

よく噛んで ゆっくり食べることで 満腹感を感じさせる

　急いで食べると咀嚼（そしゃく）しなくなり、十分な量を食べても満腹感につながりません。そこで、そばについて同じテーブルの友達の様子に気付かせながら、よく噛んでゆっくり食べるよう声をかけていきましょう。食事を一度に全部出すと急いで食べたくなるので、器に少しずつ入れて出すなど工夫も必要です。おかわりは、肥満防止の意味でも主食ではなく主菜や副菜にしましょう。また、家庭でも、ゆっくり食べるように働きかけてもらいます。食べることは子どもにとって楽しみの一つです。制限することばかりに気をとられないように注意し、楽しく食事をすることも心がけていきましょう。

 これはNG!　「もうおしまい！」と強制的に終わらせる

「もっと食べたい」という子どもの気持ちを受け入れずに終わらせてしまうと、不満足感が残ってしまいます。

食事

CASE12
食事への意欲がなく、いつも給食を残してしまいます

2歳児のBちゃんは、食事を食べ始めるのに時間がかかり、食べ終わるのもみんなより遅く、いつも最後になります。毎日、最後には保育者に食べさせてもらいますが、それでも他児の半分ほどしか食べません。

考えられること

Bちゃんは、食事にあまり意欲がないようです。半分しか食べない姿から、Bちゃんに合った食事量自体が、他児より少ないことが考えられます。自分でも食べられる量がわかっていないので、「減らしてほしい」とも言えず、最後まで残ってしまうのです。そうなると、食事に前向きになるのも難しいものです。

育ちを引き出す言葉かけ

Bちゃんには多いかな？少し減らしてみようね。全部食べられるかな。

量を減らし、全部食べられた満足感を味わえるようにする

　小食の子には、食べる「量」よりも、減らしてもかまわないので食べたという「結果」を大事に考えます。食が進んでいない時は「多かったかな？　ちょっと減らそうね」と声をかけながら、その子にとっての「ちょうどよい量」を探っていきます。保育者が勝手に減らすのではなく、必ず子どもに「このくらいなら食べられる？」と聞いてからにしましょう。確認されることで、自分の食べられる量がだんだんわかってきます。少量でも全部食べられると自信がついて、次も食べてみようという意欲が出るのです。また、体を動かして遊ぶと空腹になり、意欲的に食べられることもあります。

 これはNG！

規定量を、無理して食べさせる

みんなと同じ量であっても、その子に合った量でないと無理をさせることになり、結局は負担になってしまいます。

食事

CASE13

アレルギー対応で お弁当の子。給食を 食べたそうにしています

3歳児のNちゃんは、卵と牛乳にアレルギーがあり、毎日お弁当持参です。他児と違う物を食べることには慣れていますが、それでも、行事食や大好きなカレー、おやつのケーキなどは、食べたそうにじっと見つめています。

考えられること

→ 年齢が低いと、食べられないということはわかっていても、それがどうしてか、食べたらどうなるかまでは理解していないこともあります。みんなと違う物を食べることが多いアレルギー児にとって、みんなと同じ物を食べることは憧れなのです。特に、人気のメニューや行事食は羨ましく感じてしまうのです。

育ちを引き出す言葉かけ

Nちゃんだけ特別だね！ママの作ったお弁当おいしそうだよ。

 これはNG! 「アレルギーだからしかたない」と割り切る

特別な日でも「あなたは食べられないのよ」と言い切ってしまうと、みんなと同じ物が食べられない疎外感が増してしまいます。

食べられない負担をプラスに変える声かけをする

みんなと同じ物が食べられないと、子どもながらにストレスがたまります。ですが、命に関わることなので、食べると湿疹が出てしまう、呼吸が苦しくなってしまうなど、症状を話して、食べてはいけないことを理解させる必要があります。同時に、食べられないという負担を、プラスに変える大人の努力も必要です。お弁当であれば、家庭でできるだけ園のメニューに近いものを作ってもらうように働きかけましょう。そうすると子どもは、自分も同じ物を食べているという思いをもちます。同じようにできない時は「○○ちゃんだけ特別だね！」と、特別感をもたせたり、満足できたりするような声かけをしましょう。

食事

CASE14
箸をうまく使って食べることができません

4歳児のFちゃんは、箸で食べたいという意欲は見られますが、うまく使うことができません。箸で刺したり、器を持ってかき込むようにしたりして何とか食べていますが、疲れると、スプーンやフォークを使いたがります。

考えられること

　手先が器用ではない子が、箸を使いこなすのはなかなか難しいものです。それでも、箸を使える周りのみんなと同じように食べようと、頑張っている様子がうかがえます。気持ちが箸に集中するあまり、手に力が入り過ぎて途中で疲れてしまうので、スプーンやフォークで食べようとするのです。

育ちを引き出す言葉かけ

頑張ってお箸使っているね！でも疲れたら、スプーンでもいいんだよ。

無理をしないでどちらを使ってもよいことを知らせる

　4歳児になると、箸を上手に使って食べられるようになりますが、個人差があるので、急ぐ必要はありません。まずは、スプーンやフォークをうまく使えているかを確認しましょう。親指、人さし指、中指で鉛筆のように持てるようになったら、箸も上手に持てるようになります。箸がうまく持てない場合は、スプーンを使ってもよいことを話し、安心させましょう。同時に、つまむ、引っ張る、ちぎるなどの遊びで、楽しみながら手先の使い方を習得していきます。大切なのは、食事を楽しみ、おいしく食べること。箸を無理に使うことで、食事が負担にならないようにしましょう。

 これはNG！
練習させるために、箸以外を使わせない

「もう4歳だから」と、箸しか使わせないと、食事の時に負担感や困り感を与えてしまいます。

睡眠

CASE15

寝つきが悪く、ちょっとした物音で目覚めてしまいます

0歳児のAくんは、なかなか熟睡することができません。時間をかけてやっと眠っても、ちょっとした物音で目覚めてしまい、そのまま眠れなくなります。睡眠が足りないので、ぐずぐずと機嫌が悪くなります。

考えられること

→ 0歳児は、家庭と園との環境にかなりの違いがあります。園の集団生活では、慣れないうちは他児の様子や物音などが気になり、落ち着いて眠ることができません。また、寝つきに時間がかかるのは、布団や寝かせ方などの違いもありますが、保育者と離れる不安が原因のことも。だから熟睡できず、途中で目覚めてしまうのです。

育ちを引き出す言葉かけ

Aくんの好きなお歌うたってあげるからね。もう少し、寝ようね。

これはNG! 寝ないことで、保育者がイライラする

イライラして無理やり寝かせようとすると、その気持ちが伝わって子どもはさらに不安になり、寝つけなくなってしまいます。

目覚めても、そばで話しかけることで安心させていく

　まずは、0歳児が眠りたい時にゆったり眠れる環境作りをします。午睡ルームがあると、個々の生活リズムが守られ、安定して過ごせます。家庭での寝かせ方を参考にしたり、子どもの好きな歌を子守り歌がわりにうたうなど、安心できる対応を行うことも大切です。また日々触れ合う中で、保育者との信頼関係ができると、目が覚めても保育者がそばにいれば、安心してまた眠れるようになります。どうしても眠れない時は、無理に寝かせずに遊びに誘います。睡眠時間が減るのではと心配になりますが、子どもは本当に眠くなると、どんな状況でも眠ることができるものです。

睡眠

CASE16

慣らし保育中、午睡を嫌がって布団に入りたがりません

1歳児のTちゃんは、慣らし保育中です。2週間目に入り、生活には少し慣れてきたのですが、午睡だけは嫌なようです。眠いのに寝られずに、泣いてぐずり、なかなか通常保育への移行ができません。

考えられること

　子どもにとって、新しい環境に慣れていくのは大変なことなのです。特に睡眠は、家庭での雰囲気と大きく違います。大勢の中で寝る不安、園の布団に慣れないこと、集団でのざわざわ感やいろいろな音、やっと関係ができてきた保育者から離れる不安など、寝られない原因はいろいろ考えられます。

育ちを引き出す言葉かけ

Tちゃんの手を ギュッとしてあげるよ。 一緒に寝ようね。

手を握るなどしながらそばにいることを伝え安心させていく

　慣らし保育の2週間目は、まだまだ園やクラスの雰囲気に慣れていない時期です。特定の保育者が一対一でゆったり過ごしながらそばにいることを伝え、手を握るなどして眠くなるのを待ちます。家庭での寝かせ方を聞いておき、より近い方法を取りながら、集団からちょっと離したり、みんなが眠って静かになってから寝かせたりするなどの工夫をすると、落ち着いて眠れるようになります。目覚めても、慣れた保育者がそばにいることで不安を取り除いていきましょう。子どもが安心して生活できるように、信頼関係作りを大切にしながら、無理をせず進めていきます。

 これはNG!

時間になったら無理に寝かせようとする

子どもの気持ちや眠くなる時間を配慮せず、泣いているのに無理やり布団に入れて寝かせようとしては、信頼関係は築けません。

排泄

CASE17

トイレトレーニングができそうですが、トイレに行きたがりません

　2歳児の新入園児Rちゃんは、排尿の間隔が長く、おむつが長時間濡れなくなったのでトイレに誘うのですが、行きたがりません。誘った後におむつを見るとたっぷりと出ています。トイレトレーニングができそうなので残念です。

考えられること

　Rちゃんは、保育者や保育室にやっと慣れてきた段階で、トイレにはまだ慣れていないのです。進級児でも、新しいクラスに慣れないうちは、トイレトレーニングも難しく、新入園児ならなおさらです。トイレに行くこと自体に緊張していて、もし無理に座らせても自分で出そうとしないので、トレーニングできないのです。

育ちを引き出す言葉かけ

先生と一緒に、トイレのぞうさん見に行こう。

トイレが楽しくなる環境を整え、遊び感覚で誘ってみる

　初めてトイレに座るのは緊張するものです。最初は強要せず、まずトイレに興味をもたせ、場に慣れることから始めましょう。動物や大好きな絵本の表紙絵を切って貼るなどの工夫をして、保育者や友達と一緒に絵をのぞきに行くなど、遊び感覚でもよいでしょう。そのうちに、誘いに応じて友達と一緒に座ってみようかなと思うようになり、偶然に便器で排泄できることがあります。そこから自信がつき、次もやってみようと思うのです。トイレで排泄する気持ちよさや心地よさがわかってくると、トイレトレーニングが進みます。

 無理やりトイレに座らせる

嫌がっているのに「絶対出るから」と無理やりトイレに座らせると、緊張して、さらにトイレ嫌いになってしまいます。

排泄

CASE18

進級してから、頻繁におもらしをしてしまいます

3歳児のSくんは、2歳児の時にパンツに移行しましたが、進級してから、急におもらしが多くなりました。クラスで時間を決めてトイレに連れていくのですが、それでも遊びの途中でおもらしをしてしまいます。

考えられること

Sくんは進級したことで、フロアや保育室が変わり、新しい担任や友達も加わるなど、環境の変化に戸惑っているのではないでしょうか。トイレも、大勢で使うとざわざわして落ち着きません。また、トイレに行きたいことを言葉でうまく言い表せないことで我慢してしまうことも、おもらしの理由かもしれません。

> 育ちを引き出す言葉かけ
>
> # そろそろトイレに行ってみようね。先生も一緒に行くから大丈夫だよ。

タイミングをみて一緒に行くなど個別に対応する

　3歳児に進級すると、担任の人数が減り集団も大きくなるので、一人ひとり丁寧に見ていくなど、今まで以上に細やかな気配りが必要です。Sくんも進級児とはいえ、不安や緊張の生活を送っている中、自分からトイレのことを言い出すのはなかなか難しいものです。生活に慣れるまでは、担任が決まった時間に促し、個々にも声をかけながら、一緒にトイレについて行きます。また、恥ずかしいという気持ちが芽生える時期ですから、失敗しても叱らないことが大切です。さりげなく着替えの手伝いをするなど、安心してトイレに行きたいと保育者に言える関係作りをしていきましょう。

 これはNG! おもらしをしたことを責めてしまう

「またしちゃったの」「今度はちゃんと言ってね」などと言っては、プライドを傷つけてしまいます。

排泄

CASE19

トイレで立って排尿することができず、座ってしまいます

3歳児のKくんは尿の量が増えましたが、便座に座って排尿するので、便器の周りを汚してしまいます。男児の便器に誘っても、緊張するのか立ってできません。家では、汚さないように母親が付き添い、便座に座っているようです。

考えられること

→ トイレトレーニングは、男女ともに初めは便座に座って行います。その体勢が安定するからです。その後男児は3歳ぐらいになると、立って排尿する練習をします。できるようになるには、しっかり足をふんばってお尻を前に出すなど足腰の安定感が必要ですが、Kくんはまだそこが不安定で、座る方が安心するのかもしれません。

> 育ちを引き出す言葉かけ
>
> # 後ろで押さえているから大丈夫だよ。パパみたいに上手にできるかな。

そばで声かけをして安心させながら、体勢をフォローする

　排泄には個人差があり、男児が立って排尿できるようになる過程もそれぞれです。立って排尿する体勢が安定していないうちは、保育者がそばに付いてくれることが、子どもにとっては一番安心なのです。そばで声をかけながら、体勢をフォローしましょう。足腰が不安定な場合は、子どもが便器につかまり、保育者がお尻を後ろから支えてちょっと押してあげると、排尿がうまくできるようになります。支えてもらうことで体が安定し、安心してできるようになるのです。一度成功すると、自信につながります。家庭でも、父親と一緒にトイレに行くなどの協力をしてもらいましょう。

 これはNG! **不安がっているのに、無理やり立ってさせる**

「もう3歳なのだから」「みんな立ってできてるよ」とプレッシャーをかけて無理やりさせると、苦手意識が増してしまいます。

排泄

CASE20

パンツに移行済みですが排便はおむつの中にしかできません

3歳児のZくんは、園では排便をほとんどしません。家では便意をもよおすと必ずおむつをしたがり、部屋の隅に行き、家具につかまりながら排便するそうです。パンツに移行済みですが、排便だけは、トイレでもパンツでもできないのです。

考えられること

→ トイレに座って排便ができないのは、つかまる場所がなく、力が入れられないからです。かといってパンツに排便をするのは本人なりに抵抗があって、おむつをしていると安心してできるのです。園でしないのは、緊張と、おむつですることを恥ずかしく思っているからです。トイレでした方がよいことはよくわかっているのです。

育ちを引き出す言葉かけ

トイレに座るとうんちが出るかもね！出そうな時は教えてね。

これはNG! トイレにしつこく誘う

「うんち出る？」などと排泄のたびに聞くと、よけいに緊張させてしまいます。

トイレでできる自信と気持ちよさを体験させる

　排尿はトイレでできる場合、排便の時にどうしたらトイレに座ってできるかが課題です。便意がある時には、いつでもしてよいこと、失敗しても大丈夫なことを話していきましょう。最初は、座るだけでもOKだと伝え、安心してトイレに向かえるようにしていきます。座った時に便座やついたてなどにつかまると、体が安定し、力を入れられます。偶然にでも便が出ると、自信がつき、また座ってみようという気持ちになります。家庭では、部屋の隅に行くというサインを出しているので、その時に緊張しないようさりげなくトイレに誘ってもらうとよいでしょう。家庭と連携しながら、無理せず対応していきましょう。

排泄

CASE21

トイレットペーパーを うまく使うことが できません

3歳児のTくんは、パンツに移行したばかりです。排便後、うまく拭くことができません。トイレットペーパーをちぎることが苦手なようで、大量の紙を使い、何度も拭いています。

考えられること

→ 大人に拭いてもらっていた乳児の時と違い、3歳児クラスになると自分で拭く練習をするようになります。トイレットペーパーをちょうどよい長さに切ることは、慣れないうちは難しいものです。また、拭けたかどうかを自分の目で確かめることは難しいので、子どもは不安になり、何度も拭いてしまうのです。

> 育ちを引き出す言葉かけ
>
> # 紙はきりんさんの長さで切ってね。お膝の上で2回折ると拭きやすいよ。

自分でやってみる環境を整えつつ、ポイントを知らせる

　3歳児がお尻をきれいに拭くことはまだまだ難しいので、大人が確認をしましょう。そして、トイレの紙の使い方や拭き方などを教えていきます。最初は大人がやって見せ、少しずつ自分でする練習をさせましょう。紙は片手でホルダーを押さえながらもう一方の手で切ると、うまくいきます。そして、膝の上で四つ折りくらいに畳んでから使うように教えていきます。紙の長さは、トイレの中に目安となるような絵や印を貼っておくとわかりやすいでしょう。排泄を終えてから声をかけるなど、大人がちょうどよい距離感で関わることで、自分でやってみようという気持ちになります。

 これはNG！

トイレの間、ずっとそばについて見守る

個室のドアを開けて、終わるまで大人がそばで見守っていたりすると、自分でする意欲をなくしてしまいます。

排泄

CASE22

おもらしを気にして、遊びの途中で何度もトイレに行きます

4歳児のMちゃんはトイレが近く、時折おもらしをしてしまいます。活動や遊びの途中でも頻繁にトイレに行くので、なかなか集中して遊ぶことができません。しかし、遊びが盛り上がっている時は、その場を離れがたそうにしています。

考えられること

→ 漏らしたくないという思いが強くあると、尿意があるからよりも心配だからトイレに行きたくなるのです。遊びに没頭してしまうと、おもらしをしてしまうのでは……と不安で落ち着かない反面、自分がいない時に遊びが進んでしまわないかも心配で、その場にはいたいと思っているのです。

育ちを引き出す言葉かけ

先生が声をかけるから、遊んでいていいよ。

時間を見てトイレに誘い、安心させる

心配が理由でトイレの間隔が短い子は、おもらしの心配を減らしていくことが大事です。子どもの様子を観察して排尿間隔を把握し、「声をかけるから、遊んでいいよ」と伝えるとともに、いつどんな時でも、行きたい時に行ってよいことを話し、気持ちを落ち着かせます。活動や遊びの途中に行きたがったら「大丈夫だよ、待っているからね」と声をかけ、戻ってきた時にスムーズに再開できるように、保育者が仲立ちをしましょう。そうすると、トイレに行っても大丈夫だと安心できるのです。また、失敗してしまった時は、友達に気付かれないように、さりげなく着替えさせるなど配慮しましょう。

これはNG! トイレに行くことを我慢させる

「またトイレ?」「ちょっとは我慢しなさい」などの声かけは、トイレに行きづらい雰囲気を作ってしまいます。

排泄

CASE23
寝る前にトイレに行っても おねしょをしてしまいます

4歳児のWちゃんは、午睡前に必ずトイレに行きますが、毎日おねしょをしています。以前は寝る時だけおむつをはいていましたが、3歳後半から嫌がるようになったのでパンツで寝ています。おむつに戻すべきか気になっています。

考えられること

Wちゃんは、排尿間隔が短いのかもしれません。寝る前にトイレに行っても、膀胱にためられないと、おねしょをしてしまいます。一方、おむつで寝ていたのにみんなと同じくパンツで寝たがるのは、友達の目が気になるようになったから。おむつをするのも、おねしょをするのも、恥ずかしいという気持ちがあるのです。

育ちを引き出す言葉かけ

おねしょしちゃっても、着替えれば大丈夫だからね。

プレッシャーをかけず機能が確立するのをじっくり待つ

　4歳児でも、毎日おねしょをするようなら、おむつをする方が安心です。ですが、子どもの「恥ずかしい」という気持ちを受け入れることも大切です。保育者は、おねしょシーツを敷く、寝る前は必ずトイレに行かせる、おねしょをしてしまっても、他児にわからないように別の場所で素早く着替えさせるなどの配慮をしましょう。おねしょは心身の状態とも関係が深く、努力や練習で解決するものではありません。子どもにプレッシャーを与えるのは逆効果です。洗濯物が増えることなどへの保護者の理解を得ながら、時期を待つことが必要です。

 これはNG！ おねしょをしないようにしつこく念を押す

毎日寝る前に、おねしょをしないようにと話し、プレッシャーを与えると、なおさら不安になります。

排泄

CASE24
排便の始末が上手にできずパンツを汚してしまいます

5歳児のDくんは「トイレ！」といつも走って行きますが、早く遊びに戻ろうと急いで済ませるので、排便の時にきれいに拭けずパンツを汚してしまいます。いつも着替えの時に、汚れていることに保育者が気付きます。

考えられること

5歳児になると遊びが充実してきて、トイレは急いで終わらせようとします。また、お尻を拭く経験がまだ少ないので、自分では拭けたつもりでもなかなか上手にはできていないのです。さらに、男児は便座に座って排便をすることがそう頻繁ではないので、恥ずかしがって、後始末もそこそこにトイレから出てしまいがちです。

育ちを引き出す言葉かけ

うんちの時は先生にそっと教えてね。上手な拭き方を教えるよ。

友達がいるところで、お尻を拭く話題や練習をする

友達がいるところで上手に拭けないことを話題にしたり、拭く練習をさせたりすると、自尊心を傷つけてしまいます。

子どもの自尊心を大切にしながら、きれいに拭く練習をする

　5歳児でも、まだ排便の後に上手に拭けない子もいます。さりげなく大人が一緒に行き、そのつど確認をしましょう。友達の手前、恥ずかしい気持ちが出てきているので配慮が必要です。拭けていない時は、紙の切り方や畳み方を教え（51ページ参照）、手のひらに少し力を入れて拭く練習をします。「今日はちょっと後ろまで拭けてないね」などと教えながら、自分で拭く感覚をつかめるようにしていきましょう。拭いた紙がきれいであれば上手に拭けているということも、ほめながら教えます。ポイントがわかってくると、急いでいてもしっかり拭き、確認できるようになります。

排泄

CASE25

遠足先の和式トイレを嫌がって、使いたがりません

5歳児クラスの子ども達は、遠足先が和式トイレだと、嫌がってぎりぎりまで我慢してしまいます。使える子でも、終わるまでにかなり時間がかかります。園は洋式トイレしかないので、生活の中で練習もできずに困っています。

考えられること

洋式トイレの習慣がついているので、和式に慣れている子はそういません。ですが、大きな公園などはまだ、和式トイレの場所があり、使わざるをえない時もあります。子どもは初めての経験に弱く、いつもと違う体勢で排泄することに、不安が大きいのです。できるだけ我慢してしまうのは、無理もないことです。

育ちを引き出す言葉かけ

先生と一緒にしようね。○○ちゃんもできたから大丈夫だよ。

 これはNG! 不安そうにしていても、1人でさせる

「ここしかないから」「我慢しなさい」と無理やり1人でトイレに入らせては、不安が増すだけです。

事前に使い方を話したり、保育者が一緒に入ったりして安心させる

初めての経験に不安を抱くのは、しかたのないことです。事前に和式トイレの使い方などを話すことで、不安感を軽減させましょう。実際に使う時は、保育者が付き添って使い方を教えながら、子どもが安心できるよう体勢もサポートします。ズボンとパンツを膝まで下ろしてしゃがんだ後、大人が後ろから支えると安定します。子どもが1人でする時には、レバーなどを握ると体が安定することを伝えましょう。友達が和式トイレでできた様子を伝えると、さらに安心します。また、万が一の場合を考えて、替えのパンツとズボンを用意すると安心です。家庭でも、機会があったら和式トイレを利用してもらいましょう。

清潔

CASE26

うがいが苦手で、いつも洋服を濡らしてしまいます

3歳児で入園したWちゃんはうがいが苦手です。登園時、外遊び後、食後などに園で行ううがいが、なかなか上手にできず、いつも洋服を濡らしてしまいます。失敗が続いて、やりたがらなくなってしまいました。

考えられること

　Wちゃんはまだ、うがいのやり方がわかっていないようです。家庭でうがいが習慣化されず、練習をする機会が少ないと、身につきづらいのです。その上、苦手感があるのに、一日に何回もやらなければならず、嫌になっているのです。友達は上手にできることにも、引け目を感じているかもしれません。

育ちを引き出す言葉かけ

口にお水を入れてぺっと出そうね。だんだん上手になるよ。

うがいのやり方を段階を追って、わかりやすく教えていく

　うがいができるようになるには、段階があります。水を口に含んで、ぺっ！と出すことから始まり、次には含んだ水を「ブクブク」と口の中で動かしてから吐き出します。4～5歳児頃になると、含んだ水をこぼさないように上を向いて、「ガラガラ」とのどの奥から声を出してうがいができるようになります。これができると、のどの菌も吐き出せ、風邪予防にもつながります。大人が一緒にやって見せたり、うまくできる友達の様子を見せたりしながら進めていきましょう。Wちゃんのように苦手感を持っている時は、保育者がそばについて声をかけ、ほめながらやる気にさせるのも有効です。

これはNG!

苦手意識があるのに、1人で何回もやらせる

できないことを、やり方やこつを教えないまま何回もやらせては、やる気も自信もなくしてしまいます。

清潔

CASE27

歯磨きをしながら、友達に話しかけたり立ち歩いたりしています

4歳児のYちゃんは、食事を食べるのが早く、終わった後は歯磨きをしながら友達に話しかけます。歯磨きは座ってする約束ですが、どうしても友達が気になるのか、立ち歩いてしまいます。何度注意しても直りません。

考えられること

歯磨きが遊びになっていると、1人ではさびしいので、まだ食べている友達に話しかけてしまいがちです。また、歯ブラシの危険性がよくわかっていないこと、歯磨きが終わったら何をするかなど次の行動の見通しが立てられていないことなども、何回注意されても繰り返してしまう理由として考えられます。

育ちを引き出す言葉かけ

歯ブラシがのどに刺さったら危ないから、座ってやろうね。終わったら遊んでいいよ。

まず正しい磨き方を伝え、次の行動への見通しも知らせやる気にさせる

　4歳児は、まだ歯磨きの習慣づけができていないと、遊びになり危険につながりがちです。まずは正しい磨き方や歯磨きの必要性を伝え、座った状態で一定の時間を決めて取り組みます。砂時計などを利用するのもよいでしょう。それでも遊びになってしまう場合は、のどに刺さるなど歯ブラシの危険性を伝えるとともに、「終わったら遊んでいいよ」など次の行動を知らせ、やる気にさせていきます。保育者は声かけをするだけでなく、そばについての指導も行いながら、食後は歯磨きをすることを習慣化させ、自分で進んで磨けるようにしていきましょう。

 これはNG! 言葉かけだけで、何回も注意をする

「歯磨きしながら歩かない！」など声かけだけで注意を促しても、言われることに慣れてしまい、効果がありません。

清潔

CASE28

鼻水が出ていても気にせず、洋服の袖で拭いてしまいます

4歳児のSくんは、鼻水が出ていても気にせず、そのまま過ごしています。保育者や友達から「鼻水が出ているよ」と言われても、ティッシュペーパーでサッと拭くだけなので、またすぐに出てきます。時には、手や洋服の袖で拭くこともあります。

考えられること

> Sくんは、鼻が出ている状態に慣れてしまっていて、保育者や友達に言われるまで気付かないようです。手や洋服で拭いて済ませてしまうのは、鼻のかみ方がわからないからと、遊びの途中でティッシュを取りに行って拭くことが面倒だからです。衛生的な習慣がついていないので、袖で拭いて洋服が汚れても、気にならないのです。

> 育ちを引き出す言葉かけ
>
> # 片方の鼻を押さえて、フンと出すときれいになるよ。先生がやるのを見ていてね。

これはNG! **いつも、大人が先に指示して拭かせる**

本人が気付く前に、大人が指示して拭かせても、鼻が出たことを自分で感じてかむ習慣づけができません。

鼻水が出ていることを知らせ、かみ方を丁寧に教えていく

　小さい時から鼻水をきれいにしてもらう経験を重ねると、鼻が出たら感覚でわかるようになり、2歳児頃になると、自分でかもうとする姿が出てきます。まだその段階にないSくんには、鼻が出ていることを教えながら、「拭く」だけでなく、片方ずつ鼻に力を入れてフンと出す「かみ方」を丁寧に教えましょう。同時に、ティッシュを手の届くところに置くなどしてやりやすい環境を整え、手洗いや汚れた洋服は着替えるなどの習慣づけもします。そうすると、鼻を洋服の袖で拭くこともなくなっていきます。4歳児であれば、子ども達同士で気付き合い、教え合えるように声をかけ、そのつどきちんとかむことができるようにしていきます。

清潔

CASE29

手洗いを面倒がり、洗わなかったり雑に済ませたりします

5歳児のRくんは、手洗いを面倒がります。トイレの後も「ちゃんと洗った」と言ってごまかし、見ていた友達や保育者が注意しても、なかなか改善しません。クラス一斉の手洗いなど、ごまかしがきかない時はやっています。

考えられること

→ 5歳頃になると、Rくんのように手洗いの意味の理解や習慣づけができていない子は、大人の目がないとやらないという知恵がつくこともあります。また遊びが充実すると、トイレに行っても、クラスや友達の様子が気になり、早く戻りたいという気持ちが優先して、手洗いを面倒がったりごまかしたりしてしまうのです。

育ちを引き出す言葉かけ

病気にならないように手を洗うよ。忘れている人がいたら教えてあげてね。

友達同士で確かめ合うことを習慣にする

　手を洗う習慣は、0歳児からの積み重ねです。意味の理解や習慣づけができていない場合、年齢が上がって遊びに集中するようになるにつれ面倒になり、おろそかにしてしまいがちです。5歳児はトイレも自分のペースで行きますので、手洗いを大人が確認できません。そこで、その時居合わせた友達同士で、きれいに洗えたか確認し合う習慣づけをしましょう。同時に、手洗いが病気や感染症を防ぐために大切なこと、就学前に身につけたいことだと伝えていきます。手のひら、甲、指の間、手首などまんべんなく洗えるよう「手洗いの歌」を活用するとよいでしょう。

これはNG!

毎回、大人がそばで確認する

毎回、洗ったか確認することは一見よさそうですが、就学に向けての自主性にはつながりません。

着替え

CASE30

着替えの時、ボタンがはめられずイライラしてしまいます

3歳児のTくんは、ボタンの付いた洋服が自分で着られずにイライラしてしまいます。そして、洋服を振り回したり投げたりし始めて、遊びになってしまうので、後から着替える子にどんどん先を越され、よけいにイライラしている様子です。

考えられること

→ 着替えが苦手な子は、手先の器用さが足りず、ボタンのある洋服が着にくい、洋服の前後や裏返しが自分で直せないなどの理由で、着替えに苦労し、途中で嫌になってしまうのです。また、自分より遅く着替え始めた子に、先を越されるのもおもしろくないので、洋服を振り回したり投げたりしてしまうのです。

育ちを引き出す言葉かけ

ボタンの端を持って穴に通すと、反対側に顔を出すよ。そこを引っ張るとできるよ。

苦手なことができるようにわかりやすく伝える

　3歳児になると、周りの様子が見えてくるので、着替えていても気になって、なかなか集中できません。そんな時は、そばについて声をかけながら、できないところを手伝いましょう。特にボタンやファスナーは実際にやって見せながら、穴の通し方などのこつを教えていきます。保育者がそばで声かけすることで、やる気になり、集中できるようになるのです。早く着替えて、みんなと一緒に遊べる経験をしていくと、さらにやる気になってきます。その一方で、保護者に園での着替えの様子を話し、なるべく着やすい洋服を用意してもらうとよいでしょう。

 これはNG! 「早くしなさい」とできないのにせかす

本人も焦っているのに急がせると、さらにうまくいかず、イライラが増します。

着替え

CASE31
苦手な着替えをやりたがらず、いつも「やって」と持ってきます

2歳児のTくんは、着替えが苦手でなかなか自分から取り組もうとしません。特に長袖や長ズボンは、必ず「やって」と保育者のところに持ってきます。しばらく待ってもやらないので、結局、手伝ってしまいます。

考えられること

　2歳児は、生活習慣を少しずつ身につけていますが、うまくできない、時間がかかるなど個人差はあります。家庭では手伝ってもらっていることが多く、自分で着替える経験が少ないのかもしれません。また、保育者に関わってほしい気持ちから、甘えている可能性もあります。最初は受容しながらも、見極めが必要です。

> 育ちを引き出す言葉かけ
>
> # 先生と一緒にやってみよう。できないところは手伝ってあげるよ。

 これはNG! できないはずがないと決めつけ、手伝わない

できるかできないかを把握せず、「自分でやりなさい」とつき放してしまうと、いつまでもやる気になりません。

できない部分を確認し、具体的に教えながらやる気を引き出す

　まずは子どもが、何がどのぐらいできているかを確認します。そして、できない部分はわかりやすく教えながら援助していきましょう。洋服は、広げて床に置くと前後がわかり、着やすくなります。長袖の洋服は首を通してから両袖を通すなど、順番を教えていくとよいでしょう。2歳児は、まだまだ大人に手助けをしてもらいながら、自分でできる経験を積み、自信につなげていくことが大事な時期です。気持ちよくできるように、保育者がそばで一緒に行い、ほめたり受容したりしながらやる気を引き出していきましょう。園での様子を家庭に伝え、同じ関わりをしてもらうことも大切です。

着替え

CASE32

靴が左右反対でも気にせずに履いてしまいます

3歳児のTちゃんは、靴の左右がまだわかっていません。どうしても逆になってしまうので、毎回教えていますが、納得せずまた逆に履き直してしまいます。散歩中、時々つまずいたり、転んだりするのは、靴のせいかもしれません。

考えられること

 靴を反対に履く感覚は、一度身についてしまうと、なかなか変えられません。大人から見ると履きづらそうに見えますが、子どもは感覚として身についているので、気になりません。反対に、正しく履かせると違和感があるのでまた履き直すのです。また、自分でやっと履いた靴なので、脱がされるのも嫌なことです。

育ちを引き出す言葉かけ

靴を2つ合わせてねこさんができたら、履けるからね。

靴に左右があることを視覚的にわかるようにする

靴のサイズが小さいうちは、逆に履いてもあまり違和感がありません。左右で靴の形に違いが出てくるのは、2〜3歳児用くらいからですが、この時期は履くことに一生懸命で、左右が違っていても子どもは気が付きません。わかるようになるには、靴の前後に、合わせると1つになるように、子どもの好きなマークを描くなど、目で見てわかる工夫をしてみましょう。同時に、左右をそろえて履きやすいように置き、きちんと履く習慣づけをすることで、足の左右の感覚を養っていくことが大事です。どちらの場合も、子どもが自分で靴を履く意欲を尊重しながら進めましょう。

 これはNG!
自分で履く意欲よりも正しく履くことを優先する

靴の左右を直させることにばかり一生懸命になり、靴を履こうとする気持ちを大切にしないと、自分で履く意欲につながりません。

着替え

CASE33

洋服を裏返しや前後反対に着ても、平気な様子です

3歳児のNくんは、自分で着替えようとしますが、着ればいいという様子で、裏返しでも前後が逆でも、全く気にしません。着替え自体は早いので、その分遊ぶ時間も多くなり、本人は満足しています。

考えられること

遊びがおもしろくなると、早く着替えて遊びたいという気持ちが増して、着替えることに一生懸命になり、表裏や前後が違っていても気付きません。着心地が悪いとか、見た感じが違うなどは認識していないのです。とにかく、着替えればよいと思っているので「違うよ」と言われても気にならないし、どこが違うのかもわからないのです。

育ちを引き出す言葉かけ

自分でできたね。早かったよ。上手に着られたか、鏡を見てごらん。

違う向きで着た状態を鏡などで見せて気付かせる

　着脱は、2〜3歳頃が興味をもって取り組み、自分でできるようになる時期です。まずは一人で着られたことを受容しましょう。「自分でできたね。早かったよ」とほめながら、洋服には表裏の違いや前後があることを伝えていきます。縫い目のギザギザやタグが出ている方が裏であること、洋服の中に手を入れて引っ張り出すと裏返ることなどを教えましょう。また保護者に協力してもらい、前後がわかりやすいように、洋服に簡単なマークを付けてもらうと着やすくなります。着替えた後に鏡で自分の姿を見る習慣をつけると、違いに気付けるようになります。

 これはNG!

違いを教えず何回もやり直しさせる

「違っているよ、直して着て」など、間違っているという事実を指摘するだけでは、前後や表裏の違いに気付けません。

遊び

CASE34

無表情な0歳児。
どんな関わりが必要ですか？

0歳児のSちゃんは、入園時から表情の変化があまりありません。いろいろ働きかけても、笑ったり泣いたりすることが少ないです。迎えが来ても、喜ぶこともなく、淡々とした様子で帰ります。保護者もその様子には気付いていないようです。

考えられること

→ 保護者が子どもとの接し方がわからない、関わりが少なかったなどの理由で、Sちゃんも人との関係ができていないことが考えられます。人に甘える、思いを伝えるなど、関わり方や要求のしかたがわからないのです。保護者自身が、子育てをしている人との交流やアドバイスをもらう機会が少ないと、自分の子どもの姿にはなかなか気付けないのです。

育ちを引き出す言葉かけ

先生と一緒に遊ぼうね。Sちゃんの笑った顔、かわいいよ。

話しかけながら触れ合って遊び、心地よさを体験させる

0歳児との関わりは、その子が人と関わる第一歩となり、とても大切です。大人との関わりの中から心地よさや嬉しさ、そして安心感が生まれるのです。Sちゃんは、人との関わりが少なかったようなので、保育者が一緒に、歌をうたったりわらべ歌など触れ合い遊びをしたりしながら、人と関わることによる楽しい思いを、たくさん積み重ねていきましょう。笑顔で楽しく関わりながら、心地よい体験を重ねていくうちに、自分から「もっとやって」と保育者を求めてくるようになると、人との関係もできてきます。保護者にも、園での姿を話しながら、関わり方をアドバイスしましょう。

これはNG! 手がかからないのでよいことだと考える

手がかからなくてよいと思い込むと、問題に気付かないまま先送りをすることになります。

遊び

CASE35

腹ばいやはいはいを嫌がって、すぐ座って動かなくなります

7か月で入園したてのDくんは体が大きく、保護者はおんぶやだっこをするのが大変だからと、登園するとすぐに座らせてしまいます。Dくんはそこから動こうとせず、腹ばいにすると機嫌が悪くなります。はいはいもしません。

考えられること

→ 一旦座ることを覚えると、そちらの方が楽なので、腹ばいになるのを嫌がるようになります。7か月ともなると体も育っているので、腹ばいがとても苦しいのです。また早い時期から座っていることで、はいはいの経験も少なくなり、思うように動けないので、よけいに腹ばいの姿勢を嫌がって、機嫌が悪くなるのです。

育ちを引き出す言葉かけ

おいで〜おいで〜。くまさんのところまでおいで〜。

機嫌のよい時に、少しずつ腹ばいを経験させる

　0歳児は寝返りが始まると、自分からうつ伏せになり、うつ伏せの状態から徐々に腹ばいで遊べるようになってきます。Dくんのように腹ばいを嫌がる場合も、一日のうち短時間、腹ばいになる時間を作り、慣れてきたら少しずつ時間を延ばしていきましょう。その時、保育者も一緒に腹ばいになって、同じ目線で話しかけたり、子どもが好きなおもちゃで遊んだりします。大好きな保育者がそばにいると安心して遊びも長続きし、腹ばいでいることに慣れてきます。そうすると、次は自分で移動したくなり、手の力や足で蹴るなどして目的の物や場所に移動できるようになっていくのです。

これはNG! 前触れもなく、突然腹ばいにする

子どもの意思を無視して急に腹ばいにすると、さらに嫌がるようになり、保育者への信頼もなくなってしまいます。

遊び

CASE36

保育者の膝を独占し、他児が寄ってくると払いのけます

　0歳児のKちゃんは、特定の保育者の膝を独占します。他児が先に座っていても、たたいたり押しのけたりして自分が座ります。自分の思うようにいかないと、怒って大泣きするので、最近は他児もそれをわかってきて、譲ってしまうのです。

考えられること

　0歳児にとって大好きな保育者は、母親や父親に近い存在です。いつも一緒にいたいし、自分だけで独占したいのです。その保育者の膝に他児が座っていたら、嫉妬して、たたいたり押したりしてしまうのです。我慢したり膝が空くのを待ったりすることはできません。まだまだ独占したいのが、0歳児の特徴なのです。

育ちを引き出す言葉かけ

○○ちゃんも座りたいからはんぶんこして座ろうね。

これはNG! 独占しないように、複数の保育者が順番で対応する

「先生を独占するのはいけない」とばかりに、嫌がっても無理に違う保育者が対応しては、気持ちが安定しません。

他の子も同じように座りたいことを、そのつど話していく

　0歳児は、大人との関わりが一番深い年齢です。人との関係が安定した中で、いろいろなことができるようになっていきます。ですから、大好きな保育者と一緒にいたいというのは自然な姿なので、十分受け入れてあげましょう。しかし、他児の思いもありますので「今度は、○○ちゃんも一緒だよ。半分ずつにしようね」と2人とも満足できるようにします。その後は「一緒に座れたね！」と行動をほめ、十分受け入れましょう。ほめられたことで、次の機会にも同じ行為ができるようになり、友達との関係も広がっていきます。受容しながらも友達の気持ちを繰り返し伝えていきましょう。

遊び

CASE37

0歳児の散歩が
あまり楽しそうでは
ありません

0歳児の子ども達は、散歩に出かけても、喜んだり、笑ったりといった反応が薄く、あまり楽しそうではありません。時には保育者の背中やベビーカーで寝てしまうこともあります。子ども達が散歩を楽しめるにはどうしたらよいでしょう？

考えられること

→ 0歳児はおしゃべりすることも自分で歩くこともできないので、反応が薄いと感じがちです。しかし実際は、見たり感じたりしていることが、たくさんあるのです。表面を捉えるだけでは、0歳児の細やかな発達は見過ごしてしまいます。月齢が低いと途中で眠くなることもありますが、それも含めて散歩なのです。

育ちを引き出す言葉かけ

お散歩に行こうね〜。
わんわん、かわいいね。
バスが来たよ。バイバイできるかな？

行動や周囲の様子を話しかけながら一緒に散歩を楽しむ

　0歳児は、全てが大人の言葉かけと関わりの中で育っていきます。月齢が低くとも、働きかけによっては笑ったり、顔をしかめたりといろいろな表情を見せてくれます。保育者からの働きかけがとても大事な年齢なのです。散歩は、外に出るというだけでも気分転換になりますが、さらに保育者が乗り物や花、虫などを見ながら、子どもにたくさん話しかけましょう。繰り返し話しかけていくと、子どもはいろいろな反応をしてくれます。歩けるようになった子は、ゆっくり路地散歩をしてもよいでしょう。保育者自身が楽しみながら関わると、自然に子ども達も楽しい気持ちになります。

 これはNG! 子どもに話しかけず大人同士で話し続ける

0歳児は反応がないと決めつけて、大人同士のおしゃべりに夢中になっては、子どもの様子を見逃してしまいます。

遊び

CASE38

一度に何人もの子ども達が遊んでほしそうにしています

1歳児クラスの子ども達は、自由遊びをしていても、絵本を読んでいても、ままごとをしていても、大勢集まってきてトラブルになり、一人ひとりが満足するほど遊べません。みんなが満足するように関わりたいのですが、なかなかうまくいきません。

考えられること

→ 子ども達は遊んでくれる保育者が大好きです。誰もが一緒に遊びたくて、周りを取り囲むのです。1歳児はまだまだ大人が介入しないと遊びが長続きしないので、保育者と一緒に遊びたいのは、どの子も同じです。「ちょっと待っていてね」と声をかけても、誰よりも先に自分が遊んでほしいので、待つことも難しいのです。

育ちを引き出す言葉かけ

うさぎグループさんは先生と絵本をいっぱい読もうね。

 これはNG！ 順番だからと長い時間待たせる

「みんな待っているから、順番だよ」と長い時間待たせると、遊ぶ意欲がなくなってしまいます。

グループに分けるなどして少人数で遊ぶ

待つことが難しい1歳児は、大勢の集団で、一人ひとりが満足して遊ぶことは困難です。子ども達の発達に合わせ、少人数でじっくり遊べる環境を工夫しましょう。他児の様子が気にならない静かな場所を選んだり、仕切りを利用したりすると、少人数で落ち着いて、集中して遊ぶことができます。また、日々保育者が一人ひとりに十分関わり、受容しながら遊んでいくと、子ども達は満足し、気持ちが安定するので、一人遊びや好きな遊びにじっくり取り組めるようになります。保育者同士で子どもの遊ぶ様子や発達の様子を共有して、日々遊びを見直していきましょう。

遊び

CASE39

絵本を読まずに、持ち歩いたり破いたりしてしまいます

1歳児の何人かは、絵本を袋に入れて持ち運んだり、角をしゃぶったり、時には踏んでしまうなど、絵本本来の使い方ができていません。破いたりする子もいます。絵本はまだ早いのでしょうか？

考えられること

→ 1歳児は、まだまだ遊び方やおもちゃの使い方がわからない年齢です。絵本も、興味の度合いがそれぞれ違うので、好きな子は内容に興味をもちますが、興味がない子にとっては、絵本もぬいぐるみもパズルも、みんな同じおもちゃなのです。持っていること自体が遊びなので、時には、しゃぶったり破いたりすることもあるのです。

育ちを引き出す言葉かけ

○○ちゃんの大好きな絵本、先生と一緒に読もうね！

一対一で絵本を読むことで、興味や関心を高める

　子ども達の成長に、絵本は欠かせません。好きな動物や乗り物、食べ物などの絵本から、子ども達は物の名前や色、形に触れ、知らなかった物も知識として覚えていきます。月齢の低い子達も自分の好きな本を持ち歩くなど、絵本への興味が見られる時は、その絵本を一対一でゆっくり読んであげながら、絵本の楽しさや興味を広げていきましょう。破る行為が多い時は、紙や新聞紙などで存分に破る遊びを経験させる一方で、絵本は読む物であると教えていきます。また、同じ本を何度も読んでと持ってくるのは、興味がその本に集中してきた証拠です。ぜひ何度でも読んであげましょう。

 これはNG!　年齢的にまだ早いと、絵本を片付けてしまう

破いたり、持ち歩いたりすることを叱り、手の届かない場所に片付けてしまうと、絵本への興味が広がりません。

遊び

CASE40

おもちゃを独り占めして、友達に貸すことができません

1歳児のRくんは月齢が高く、動きが活発です。いろいろなところにアンテナを張り、友達がおもちゃを使っていると、近づいて全部独り占めします。取られた子に「返して！」と追いかけられトラブルになります。

考えられること

→ Rくんは好奇心が旺盛なために周りのことが気になり過ぎ、落ち着いて遊べていないのかもしれません。友達が持っている物は全部欲しくなってしまうのです。さらに、友達が困って追いかけて来るとよけいに嬉しくなって逃げ回り、そのこと自体が遊びになっているのです。

「育ちを引き出す言葉かけ」

どのおもちゃで遊びたいの？先生と一緒に遊ぼうね。

1つのおもちゃでじっくり遊べるように関わる

　気が散りやすいことで遊び込めていない子は、保護者と一緒に1つのおもちゃでじっくり遊ぶ経験が必要です。保護者とたくさん関わる中で、遊びの楽しさやおもしろさがだんだんわかってきます。遊びをたくさん経験するうちに自分の好きな遊びを見つけると、集中して遊べるようになるので、おもちゃを取ってしまったり、独り占めしたりすることもなくなるのです。同時に、保育者が一緒に遊びながら、友達と遊ぶ機会を増やし、関わりを広げていきます。その時々で、友達の気持ちに気付ける言葉かけをしていくと、相手の気持ちが少しずつわかるようになっていきます。

 単なる意地悪と受け止める

Rくんの気持ちや発達を理解せずに、意地悪だと叱ってしまうと、意固地になってしまいます。

遊び

CASE41

友達が遊んでいる おもちゃばかり欲しがって 強引に取ってしまいます

2歳児のDくんは、友達がおもしろそうに遊んでいるおもちゃを、強引に取ってしまいます。しかしそのおもちゃで遊ぶわけでもなく、すぐに飽きてしまいます。そして、また他の場所でも同じことを繰り返しています。

考えられること

Dくんは、まだ自分で遊び込むことができないようです。友達が楽しそうに遊ぶ姿が羨ましく、同じように遊びたいのです。そのおもちゃがあると友達のようにおもしろく遊べると思っているのですが、実際は思うようにいかず、すぐ飽きてしまいます。そして、次々とおもちゃを取るという行動に出てしまうのです。

> **育ちを引き出す言葉かけ**
>
> 楽しそうにしてたから、一緒に遊びたかったんだよね。「遊ぼう」って言ってみよう。

遊びたい気持ちをくみ、遊びの経験を積めるよう友達との仲立ちをする

持っているおもちゃを取られたらどんな気持ちになるか、一緒に遊びたい時にはどんな言葉かけをしたらよいのかなどを、そのつどわかりやすく伝えます。同時に、本人の思いを丁寧に聞き取りながら、気持ちを代弁し、友達と遊べるように仲立ちします。その際、保育者が一緒に遊んで、遊び方や遊びの楽しさ、おもしろさをたくさん経験させましょう。保育者が間に入ることで、友達と一緒にいられたり同じ遊びを隣でできたりと、満足する経験を重ねるうち、自分でも遊び込めるようになります。2歳児は自分中心の時期です。おもちゃを取る行為をマイナスに捉えず、気長に働きかけましょう。

 これはNG！ 取ったおもちゃを強引に取り上げる

大人が強引におもちゃを取り返しては、Dくんの行動と同じことになり、行為が悪かったことに気付かせることができません。

CASE42

遊び

友達の遊びを邪魔したり作った物を壊したりしては逃げ回ります

　2歳児のHちゃんは、友達が集中して遊んだり、物を作ったりしていると、しばらくは見ているのですが、急に近寄り、遊びを邪魔したり、作った物を壊したりしては逃げ回ります。友達が泣いても平気な顔をしています。

考えられること

　この年齢は、まだ一人遊びが中心ですが、少しずつ友達への興味も出てきます。友達が遊び込んでいる様子や集中して作っている物などが羨ましかったり、珍しかったりするのです。しかし、思いや言葉をうまく出せないので「入れて」「遊びたい」と伝えることができません。結果、邪魔したり、壊したりの行動になっているのです。

育ちを引き出す言葉かけ

壊れちゃったから、Hちゃんも一緒に作ってみよう。

これはNG! 壊したことを叱るばかりで思いを理解しない

「また壊した」とみんなの前で叱ったり、元通りに作り直させたりしても、関わりを深めることにはなりません。

友達との遊びを仲立ちし、一緒に遊ぶ楽しさを知らせる

　友達と遊んだ経験が少ない子どもの場合、保育者が加わって一緒に遊びましょう。友達の存在を意識して過ごし、「いいよ」と親切にされたり、時にはけんかになったりしながらも、同じ遊びを共有することが大事です。共に遊び、共に作り上げる経験を重ねていくと、自分達で作った物が壊れたり、うまくいかずにくやしい思いをしたりと、いろいろな体験をします。そうすると、自分達で頑張って作った物が大事だという気持ちや、友達も同じ思いであることにも気付けるようになってきます。壊したことを単に叱るだけでなく、行動の背景にある思いも理解して対応しましょう。

遊び

CASE43

手が汚れるのを嫌がり、砂、土、粘土、のりなどを触りません

今年入園した2歳児のCちゃんは手が汚れるのを嫌って、砂、土、粘土などを触りません。同じく、のりや色水も嫌がります。のりを使って折り紙をつなぐ七夕製作の時には、大泣きして嫌がり、結局やらずじまいでした。

考えられること

→ 入園したばかりだと、初めての経験には緊張してしまい、すぐには取り組めないものです。さらに、自然素材など手が汚れる遊びは、経験してきていないと抵抗があるのです。また、園での活動では慣れないことが多く、例えばいすに座ってじっくり製作に取り組むことも経験がないので、進級児と同じように行うのは難しいものです。

育ちを引き出す言葉かけ

見ているだけでもいいからね。やりたくなったら、やろうね！

無理にしなくてよいことを伝え、安心させる

　自然素材やのりなどで遊ぶことは大事な経験ですが、最初は触ったり遊んだりできなくても、友達が遊ぶ姿をそばで見るだけでも遊びの共有ができます。強引にさせないで、友達が遊び込む姿を見せて楽しさやおもしろさを知らせ、自分から興味をもつまで待ちましょう。また、手が汚れるのを嫌がる気持ちを和らげるには、手をたくさん使う遊びを経験することが第一歩です。例えば新聞紙遊びは、ちぎる、丸める、投げる、しかも新聞のインクで手も汚れるなど、いろいろな経験の要素が組み込まれているので、Cちゃんにとってよい遊びです。

これはNG！ 経験が大事と思い込み、無理やりさせる

全員が経験すべき活動だからと、嫌がっているのに無理やりさせると、よけいに嫌な思いを残して苦手になってしまいます。

遊び

CASE44

虫を見つけると、踏みつけて遊んでしまいます

2歳児のMくんは、園庭や散歩に出かけた時、ありなどの虫を見つけると、すぐ足で踏みつけようとします。それを見ていて、一緒にやろうとする子も出てきて、数人が集まると、踏むことをおもしろがって止まりません。

考えられること

→ 2歳頃は、動く物に敏感に反応します。虫を見つけると、怖かったりよくわからなかったりする反動で、踏みつけてしまうのです。命の尊さや大切さはまだわかっていません。中には「かわいそう」と言う子もいますが、大半は虫が潰され動かなくなって、初めて「死んじゃったの？」と意識します。

育ちを引き出す言葉かけ

よ〜く見てみて、すごいね。小さい足がたくさんあるよ。おうちに帰るところかな？

じっくり観察することで、動く物への怖さを興味や親しみに変える

子ども達は動く物に反応して、怖がって後ずさりをしたり、その場から逃げたりします。怖さがなくなると、興味に変わってきますので、保育者がじっくり観察して「すごいね、小さい足がたくさんあるよ」などと子どもに言葉をかけて関心をもたせ、踏む行為から観察する行為に転換していきましょう。また、園でさまざまな生き物の飼育をして、自分達で世話をする活動を経験することも大事です。生き物に親しむことができる他、大切に飼育していた生き物が突然死んでしまうこともあり、命の大切さを体験から感じていくことができます。

 これはNG!
「いけない」と言うだけにとどめる

「いけない！」と叱るだけでは、何がいけないのかが子ども達に伝わらず、同じことを繰り返してしまいます。

遊び

CASE45

ミニカー遊びが大好きで、他の遊びや友達に興味を示しません

2歳児のYくんは、大好きなミニカーでしか遊ばず、いつも寝転んで走らせています。その他の遊びに誘っても、全く興味を示しません。他児との関わりも好まないので、ほとんど1人で遊んでいます。

> **考えられること**
>
> → Yくんは、今はミニカーが大好きで、他の遊びに興味がないのです。また、まだまだ1人遊びの時期なので、友達が遊びに入ると自分の世界に没頭できず、わずらわしいのです。寝転ぶのは、ミニカーと同じ高さに目線を置くと、車の迫力が増すなどまた違ったおもしろさがあるからです。

育ちを引き出す言葉かけ

楽しそうだね。先生も一緒に遊んでいいかな？信号機があるけど使う？

これはNG！

「○○でしか遊べない」とマイナスに捉える

「ミニカーでしか遊べない子」と決めつけ、関わりや遊びを広げる努力をしないと、興味が広がる機会を逃してしまいます。

保育者も遊びに参加して、視野を広げる

ミニカーにしか興味がないという見方ではなく、ミニカーだと集中して遊べるとプラスに考えてみましょう。1人遊びの時期は、十分に1人で遊び込むことが大事です。そこに満足すると、保護者や友達が自分の遊びに介入しても受け入れられるようになります。その時期を待ちながら、少しずつ視野を広げる関わりをしたり違う遊びに誘ったりして、おもしろさを伝えていきましょう。大好きな車関係から遊びを広げていくと、興味をもちやすくなります。そうして、友達がそばにいたり、関わったりすることに慣れていきましょう。保育者がそばにいてくれることで、安心し、友達関係や遊びが広がっていくのです。

遊び

CASE46

友達と同じようにはさみを使いたがりますがうまくできません

3歳児のMちゃんは、手先を使う作業が苦手です。製作遊びでははさみに意欲的に取り組むものの、あまり使いこなせていません。危なっかしい手元で、切りづらそうにしていますが、友達と同じように切りたいという思いが強いようです。

考えられること

→ はさみは、手先が器用に動かせなかったり、はさみ自体に慣れていなかったりすると、なかなか使いこなすことができません。無理に切ろうとすると、体に力が入ってしまうので、けがの危険性もあります。「友達と一緒にやりたい」という意欲は大切ですが、それだけを優先してしまうと危険が伴うのです。

育ちを引き出す言葉かけ

ちょっと難しかったかな？この切り方をしてごらん。だんだん上手になるよ。

これはNG! 危ないからと、はさみを使わせない

まだ上手にできず危ないからとはさみを使わせないでいては、いつまでも上達しません。

意欲を大事にしつつ、今できることを提案する

　はさみは危険が伴うので、慣れないうちは少人数で取り組み、子ども達がどのくらい使いこなせているかをしっかり把握します。できていない時は、安全の観点からも無理をせず、簡単な切り方を示しながら一対一で丁寧に教えていきましょう。苦手感を持たないように短時間で終わらせ、少しでもできたら、たくさんほめましょう。手先の細かい動きがまだうまくできない子は、はさみに取り組む前に粘土や砂遊びなどをして、つまんだり、こねたり、ちぎったりと、手や手先を使ってたくさん遊ぶとよいでしょう。自分の思うように手先が動くようになったら、はさみを使っても安心です。

遊び

CASE47

集団遊びのルールが わからず、思い通りに ならないと大泣きします

3歳児のSちゃんは、集団遊びに参加したがりますが、自分の思い通りにならないと泣いて怒ります。簡単なルールはわかっても、複雑になると理解が難しいようです。いつも大泣きするので、ゲームがストップしてしまいます。

考えられること

簡単なルールはわかっても、複雑になると理解が難しい子は、みんなと一緒に遊ぶこと自体は、積極的に参加して楽しんでいても、ルールがわかっていないので、ゲーム中に交代やタッチなどで状況が変化した時に理由が分からず、不満や困り感で怒ってしまうのです。集団のルールより自分の理解の範囲内で、ゲームに参加して遊びたいのです。

育ちを引き出す言葉かけ

楽しかったね。次にまたやれるから、ここで遊びながら待っていよう。

遊びから距離を置き、端から見ることでルールを知らせる

　集団では、いつもみんながSちゃんに合わせることもできません。遊びたいのに遊びのルールが難しくて理解できず、困って泣いてしまうのであれば、無理をせず、わかるゲームだけに参加することも必要です。同じ場所にいながら、友達の遊びを見たり好きな遊びをしたりして待ってもよいでしょう。その場の雰囲気やゲームの進行を見ていることが理解につながります。上手に集団を盛り上げながら、Sちゃんが理解できる遊びも取り入れるなど工夫して一緒に楽しみ、疎外感をもたせないように配慮しましょう。

これはNG! 「ルールを守れない人は遊べません」とつき放す

ルールを守らないと見なしてつき放すと、いつまでもルールを理解できるようにはなりません。

遊び

CASE48

戦いごっこに夢中になり過ぎて、友達を泣かせてしまいます

3歳児のSくんは、テレビの戦隊番組が大好きです。友達とも戦いの遊びばかりしていて、言葉より先に手が出たり、本気で蹴ったりしてトラブルになります。友達が泣いていても、何が悪いか気付けません。

考えられること

→ Sくんは、大好きな戦隊物で頭がいっぱいで、相手も自分と同じだと思っているようです。遊びとして、楽しくパンチやキックをしているので、相手が嫌がって困っていることに気付かなかったり、友達を泣かせてしまっても、悪いということがわからなかったりするのです。

> 育ちを引き出す言葉かけ
>
> Sくんは楽しいけど、
> お友達の気持ちはどうかな？
> 一緒に考えてみよう。

友達がどんな気持ちになるか、繰り返し考えさせる

　男の子はテレビの影響で、戦隊物が大好きになる時期があります。まだテレビの世界と現実をうまく切り替えられないので、園でも戦隊物の延長で戦って遊ぶのです。トラブルになった時に、相手の嫌がる気持ちを話しても、ならばどうしたらよいかまでは考えられないのです。ですから、そのつど繰り返し伝え、考えさせていく必要があります。また、戦いごっこばかりでは、相手の気持ちを考え、思いやる気持ちはなかなか育ちません。戦いごっこに固執する時は、「相手の嫌がることはしない」などのルールを決め、ゲーム遊びにするとよいでしょう。

 これはNG! 戦いごっこを禁止する

子どもの興味を考えずに、禁止するだけでは、相手の気持ちに気付かずにトラブルが繰り返されてしまいます。

遊び

CASE49

自分から遊びに入れず、ずっと他児の様子を見ているばかりです

他園から転園してきた4歳児のEちゃん。1か月が過ぎようとしていますが、なかなか友達の遊びに入れず、見ているばかりです。同じ園から一緒に転園した数人の子とは関わりがあるものの、多くは傍観しています。

考えられること

→ Eちゃんは新しい環境の中で、どんな友達がいるのか、どんな遊びをしているのか、保育者の様子はどうかなどを、じっくりと観察している最中なのです。そして、自分なりに友達と関われる、遊びに入れるタイミングを見計らっています。それはEちゃんにとって、新しい環境に慣れるための大事な準備期間なのです。

> **育ちを引き出す言葉かけ**
>
> # Eちゃんがしたいことや先生にしてほしいことがあればいつでも言ってね。

自分のペースで過ごしてよいことを、言葉や態度で知らせていく

　子どもが新しい集団に慣れる期間は個人差があります。時間がかかっても1つの個性として認め、本人が納得して行動するまで待ちましょう。同時に、その子の様子をよく観察します。興味がありそうなことや一緒に遊びたそうな様子が見えてきたら、タイミングよく声をかけ、子ども同士の橋渡しをします。そして「先生はそばにいるから困った時は言ってね」と話し、安心させていきます。食事や午睡などの時も、細やかに声をかけて孤立感をなくし、安心して過ごせるようにしていきましょう。ホッとすると意外とすんなり集団に入れる場合もあります。

 これはNG!　気持ちを理解せず、強引に集団に入れる

強引に遊びを提供したり集団に入れようとしたりすると、子どもの緊張が高まり、不安が増してしまいます。

遊び

CASE50

絵になかなか取り組めず、友達のまねをして描いてしまいます

4歳児のFちゃんは、遊びの中で自分から絵を描くことはありません。一斉に同じテーマで取り組む時は、描き始めるまでにかなり時間がかかります。結果、周りの友達の絵を見て、まねて描いてしまいます。

考えられること

→ Eちゃんが自分から描こうとしないのは、絵が上手に描けないと苦手意識をもっているからではないでしょうか。クラス全体で絵を描く時はしかたなく取り組んでいても、前向きになれないと描きたい物が決められず、時間がかかってしまいます。それでも上手に描きたいという思いから、友達の絵をまねしてしまうのです。

育ちを引き出す言葉かけ

どの絵もすてきだから何でも描いていいんだよ。好きな物は何かな？

楽しく思いを引き出してリラックスして描けるよう働きかける

　周りの友達と比較をして、上手下手を気にするようになると、苦手意識をもつ子が出てきます。絵は子どものその時の心の表れで、描き手の思いが入っているので、全部が魅力的で、比較ができないことを伝えましょう。苦手感がある子は、無理に描かされるとよけいに嫌になります。絵を描く時は、保育者が楽しく話をしながら、思いを引き出していきましょう。話すことで気持ちがリラックスし、描いてみようという意欲が出てきます。自分から描き始めたら大いにほめ、やる気を出させていきます。また普段から、絵が描ける環境を整えることも大事です。

 これはNG!

「できた？」「何描いた？」としつこく話しかける

自分の好きなように描こうとしても、そばで話しかけられ過ぎると、緊張して描けなくなってしまいます。

遊び

CASE51

絵本や紙芝居に集中できず友達にちょっかいを出してしまいます

5歳児のSくんは、みんなで絵本や紙芝居を見る時に内容に集中できず、「よく見えない」「つまんない」などと言います。いつも、真ん中のよく見える場所にいるのですが、友達にちょっかいを出してしまいます。

考えられること

> 大勢で絵本や紙芝居を読む場合、好きな内容、理解や興味の度合いが違うので、みんなが集中するのは難しいものです。Sくんは、読んでいた絵本や紙芝居が難しかったり興味がもてなかったりして楽しくないので、どんなによい場所で見ても集中できず、つまらなくなって、友達にちょっかいを出してしまうのではないでしょうか。

育ちを引き出す言葉かけ

今日は特別に、Sくんが好きな絵本を読んであげるね。

その子に合わせた絵本を読むことで理解と興味を広げる

みんなで読むのが難しい場合は、無理をしないで、1人で好きな絵本を読む時間にしてもよいのです。そこから、興味を広げていきましょう。Sくんが絵本への興味を広げていくには、好きな絵本を繰り返し読んでいくことが大切です。保育者が一対一で読むのが理想ですが、難しい時は興味や理解度に応じて少人数で読む機会を多くもちます。何回も読んでもらう機会があると、より絵本が身近になります。やがて理解できる内容が増え、楽しめるようになると、いろいろな絵本に興味が出て、読もうとします。そして集団の中でも、絵本や紙芝居を見ることができるようになるのです。

単なるわがままとして我慢をさせる

「みんなで見ているから、我慢しなさい」と叱り、無理に集団の中にいさせても、ちょっかいは解消しません。

園外保育

CASE52

体調を崩し、楽しみにしていた行事に参加できませんでした

5歳児のHちゃんは、体調を崩すことが多く、園生活最後の遠足にも参加できませんでした。事前の話し合いでは意欲が満々だったのに、結局参加できず、友達の「楽しかった」という話にも入れないので、寂しそうにしています。

> **考えられること**
>
> 　子どもは、楽しい行事である遠足に参加できなかったことを、体調が悪かったからしかたないと簡単にあきらめることはできません。特に園生活最後の遠足は、それぞれの小学校に別れてしまう直前なので思い入れも強く、残念に思う気持ちはよくわかります。また、友達の「楽しかった」という話題に入れないこともつらいものです。

> 育ちを引き出す言葉かけ
>
> # 遠足に行けなかったから、今日はHちゃんの好きな公園でたくさん遊ぼうね。

その子の好きな活動をして特別感をもたせる

　体調不良は予測がつかないので、園でのサポートが難しいところです。保育者ができるのは、元気になって登園した後に、残念だった思いを受け止めながら、楽しい思い出を積み重ねていくことです。子どもの思いを聞きながら、その子が大好きな遊びや散歩などを企画し、活動に盛り込みましょう。自分の好きなことを優先して遊びに取り入れてもらい、日々の保育が楽しく充実すると、子どもも「特別感」をもち、満足することができるでしょう。

 これはNG! 「体調不良はしかたがない」と割り切る

しかたないと割り切って、本人の気持ちに配慮しないと、残念な思いを残すままになってしまいます。

園外保育

CASE53

公園に散歩に行くと、必ず入ってはいけない場所に行ってしまいます

2歳児のKくんは、公園に行くと積極的に遊びますが、大好きな虫や葉っぱを追って、入ってはいけない場所にもどんどん入ってしまいます。そのつど、だめだということを伝えますが、よくわからないのか何度も繰り返します。

> **考えられること**
>
> 公園は、遊具があるエリアはきれいに整地されて、遊びやすいように工夫されていますが、子ども達にとっては、整地されていない、入ってはいけない場所の方が魅力的なのです。いけないとわかっていても、虫や葉っぱなどを探しに入ろうとします。子どもは散策や探検が大好きですから、止められてもまた繰り返してしまいます。

育ちを引き出す言葉かけ

おもしろそうだね。でもここは危ないから、見るだけで入らないのよ。

好奇心に共感しつつ、なぜ柵やロープがあるのかを知らせる

公園に行くと、固定遊具も魅力的ですが、その他への探索意欲も出てきます。2歳児なら、いけないということはわかっていますが、好奇心に負けて、入ってはいけない場所にも行ってしまうのです。だめだと叱るばかりでなく、「おもしろそうだから入りたいよね」と思いに共感しながら、一緒に眺めることで満足させましょう。同時に、自分の身を守ることが少しずつわかる年齢なので、柵やロープの中は木の枝が目に入ったり虫に刺されたりと、危ないことがたくさんあることを繰り返し知らせます。探索できる公園では、存分に探索させて遊ばせていきましょう。

これはNG! 入ってはいけないことを納得させられない

「入ってはだめって言ったでしょう」と行為のみを叱っても、理由がわからないと、また繰り返します。

園外保育

CASE54

公園から帰る時、「帰りたくない」と大泣きします

2歳児のDちゃんは公園から帰る時、必ず「帰りたくない」と言って大泣きします。一旦泣き出すと止まらないので、帰るまでに時間がかかります。他にも、自分の思いと違っていると受け入れることができない場面がよくあります。

考えられること

他の子は、いっぱい遊んだから、または時間になったから帰るということを、日々の積み重ねで理解しています。しかしDちゃんは1つ先の見通しをもてていないので、場面の切り替えについていけないのではないでしょうか。まだまだ遊びたい気持ちなのに突然帰ると言われた感があり、気持ちの準備ができないのです。

育ちを引き出す言葉かけ

今日は時計の長い針が3で帰ります。園に帰ったら、おいしいごはんを食べようね。

 これはNG! こだわりをわがままと捉えてしまう

こだわりを理解せずにわがままと捉え、無理にみんなと同じ行動をさせても、見通しがつくようにはなりません。

本人の混乱を予測し、わかりやすく見通しをもたせて対応する

　場面の切り替えが難しく変化に弱い子が、突然の出来事に対応できずにこだわることが予想される時は、2つ先ぐらいの見通しをもたせて行動するとよいでしょう。公園に行く前も「○○公園に行きます。時計の長い針が3になったら帰って、ごはんを食べます」など、わかりやすく話します。絵や写真など、視覚的なもので理解させても効果的です。同じように帰りにぐずっても、約束したことが頭の中に残っているので、抵抗しながらもみんなと一緒に行動するようになります。これを繰り返し行っていくことにより、少しずつ先の見通しがつくようになるのです。

園外保育

CASE55

散歩中、周りが見えずに前方の電柱や自転車にぶつかってしまいます

4歳児のSくんは普段からちょっとした段差にも気付かないでつまずくなど、注意力が散漫な面があります。特に散歩中はおしゃべりが多く、前を見ていないので、よく電柱や止めてある自転車にぶつかってしまいます。

考えられること

→ 子ども達は、戸外の遊びや散歩に出かけると開放的な気分になり、保育者や手をつないでいる友達に話しかけたくなるものです。結果、周りを気にしたり注意して見たりすることができにくくなります。普段から注意力が散漫な子どもは、さらに障害物に気付くことが難しいのです。

育ちを引き出す言葉かけ

一番前はよく見えるから危ない時は、みんなに教えてね。

先頭を歩かせ、いろいろなことに気付く習慣づけをする

　多くの子どもは、歩きながら友達とおしゃべりをしても、危険は十分察知できます。しかしＳくんのように、周りが見えにくく、突発的なことを回避する反射神経が弱い子もいます。その場合、散歩では周囲が見えやすい一番前を歩かせるのがよいでしょう。真ん中や後ろだと、電柱や自転車などは寸前にならないと見えないので、避けることが難しいのです。また、危険な物や場所があったら、子ども同士で声をかけ合うことを習慣にしていくのもよいでしょう。大人が先回りして危険を回避していくと、自分で考えて行動したり、察知したりする力が弱くなるので注意が必要です。

 これはNG！　前を見て歩くことだけ伝える

「前を見なさい」とだけ注意しても、何に気をつけるかの理解は難しいものです。

CASE56
何でも一番にならないと気が済みません

5歳児のWくんは、いつも一番にこだわります。食事やトイレでさえも急ぐので、落ち着きません。順番抜かしをしてでも、一番になろうとするので、友達に嫌われることやトラブルも多いです。

考えられること

Wくんにとっては、今は一番になることが最高の遊びであり、優越感の源です。つまり、一番になってみんなに「すごいね！」と思われたいのです。順番抜かしは悪いことで、トラブルの原因になるのも十分わかっているのです。

> 育ちを引き出す言葉かけ
>
> # 一番になる以外にも みんなが「すごい」と言ってくれることは、いっぱいあるよ。

これはNG! 意図的に、一番にさせないようにする

「友達に嫌なことを言ったからだめ」など、いろいろな理由をつけて一番を取り消すと、落胆して気持ちが安定しません。

一番になる以外にも、よいところがあることを知らせる

　一番に並ぶことや、やることにこだわるのは、一時的なものです。しかし、特にやりたいわけではないのに一番にこだわると、それ自体が目的となり、さまざまなことがおろそかになりがちです。その時々で、大切なのは一番になることだけではないと伝える言葉かけをしましょう。例えば「○○ちゃんに優しくしてくれたから、そこは一番よりすごかったね！」「片付けが上手にできてすごいね」などとほめていきます。自分を肯定的に見てもらうことで、嬉しかったり安心したりし、気持ちが安定してきます。そうすると、一番になる以外のよいことがわかり、一番でなくても受け入れられるようになるのです。

CASE57

そばにいる 何もしていない友達を 噛んでしまいます

1歳児のGくんは、この頃イライラして友達を噛むことが増えました。様子を見ていると、友達がそばにいて邪魔だったなど、一方的な理由が多いのです。いつも近くにいる子が何回も噛まれてしまいます。

> **考えられること**
>
> Gくんがそばにいた誰かを噛んでしまうのは、自分の思いが通らない時ではないでしょうか。「おもちゃが欲しい」や「先にやりたかった」など、思いを言葉で伝えられないので、目の前にいる友達を噛んでしまうのです。同じ子が噛まれるのは、発達や遊びへの興味が似ていて、いつも近くで遊んでいるからなのです。

> 育ちを引き出す言葉かけ

○○したかったんだね。でもカミカミすると痛いんだよ、痛くて泣いちゃったね。

受容しながらも相手の思いや痛みに気付く言葉かけをする

　1歳児の噛みつきは、起きた瞬間だけを見てもわかりづらいですが、さかのぼると必ず原因があります。まずは噛んだ子の気持ちを受け止めて、落ち着いたらゆっくりと理由を聞きます。同時に、噛まれた友達の気持ちも伝えます。そして、例えば物が欲しい時なら、しぐさで「貸して」と伝えるなど、言葉が出なくても思いを表せるように、繰り返し声をかけていきましょう。また、保育の見直しも必要です。少人数を心がけ、どの子も満足して遊べるような環境を工夫します。子ども達に人気のおもちゃなどは、人数分に近い数を準備しておくとトラブルになりません。

 理由を聞かず、噛んだことだけを叱る

噛んだことだけを叱り、無理やり謝らせても、原因の解消にはなりません。

CASE58

特定の友達としか一緒に遊ぼうとしません

2歳児のHちゃんは、Sちゃんとばかり遊びたがります。散歩に行く時には手をつなぎ、食事も隣同士でトイレも一緒です。一方、何事にも積極的で遊びが上手なSちゃんは、他の子とも遊びたいそぶりを見せています。

考えられること

　Hちゃんは、Sちゃんが大好きなのです。積極的で遊びがおもしろいので、一緒にいると楽しいのです。そして、また、いつもそばにいることを受け入れてもらえて、安心しています。しかし誰とでも仲良く遊べるSちゃんは、他の友達にも興味が出て、独占欲が強いHちゃんをわずらわしく感じ始めているかもしれません。

育ちを引き出す言葉かけ

仲良しさんの中に、わたしたちも入れてくれるかな？

2人より多い人数で遊ぶことで、楽しい経験を増やす

　2歳児くらいになると仲良しができて、いつも一緒にいたいと思うのは成長の過程ですが、それほど長くは続きません。あまりにも一緒にい過ぎると、どちらかが我慢したり、うまくいかなくなったりするものです。そこで、適度に保育者が間に入り、関係を緩めていく必要があります。この場合は、Sちゃんが違う友達とも遊びたいと思い始めているので、グループで楽しめる、おもしろい遊びを計画していきましょう。Hちゃんも、みんなと一緒に遊びを楽しみながら、自然に他の友達のよさも発見していき、Sちゃん以外にも一緒に遊びたい友達ができてくるはずです。

これはNG!

SちゃんをHちゃんから無理に引き離す

「他の友達とも遊びたいんじゃないの」と言いながら、無理に引き離しても、Hちゃんの一緒にいたい気持ちは変わりません。

CASE59 友達関係

思い通りにならないと「ばか」「死ね」という言葉を使います

4歳児のYくんは、自分の思うようにいかずトラブルになると、いつも「ばか」「死ね」を連発して、泣いたり怒ったり大騒ぎをします。相手の子が嫌な思いをしたり、周りの子たちが圧倒されて怖がったりしています。

> **考えられること**
>
> Yくんは、自分の思うようにいかないと納得できないようです。イライラするあまり、「ばか」「死ね」など友達が嫌がる言葉を言ってしまうのではないでしょうか。気持ちが収まらないと興奮状態になって、泣いたり怒ったり、暴言を吐いたりすることで、自分の思いを通そうとするのです。

育ちを引き出す言葉かけ

「ばか」「死ね」と言われたら嫌だよね。何があったか話してごらん。

クールダウンさせ、気持ちを受容しながら相手の思いに気付かせる

　自分の思うようにいかないと、イライラして暴言を吐いてしまうような時は、一旦落ち着かせる必要があります。興奮状態の時に話をしても聞くことができません。別室などでクールダウンしたら、ゆっくりと経緯を聞きましょう。その子の気持ちを受容しながらも、相手の思いや気持ちも代弁し、少しずつ理解につなげていきます。その一方で、保育者も遊びや活動に参加し、うまくいかない場面を見つけたら、関わり方を知らせていくとよいでしょう。大人が少し声かけをすることによって、イライラせずにうまく集団行動ができるようになるのです。

 これはNG！
大人が過剰反応し、言葉だけを禁止にする

「ばか」「死ね」の言葉だけを禁止して表面的な解決で済ませても、友達の気持ちに気付くようにはなりません。

CASE60

友達関係

友達の悪いところばかり指摘するので、遊びが長続きしません

4歳児のHくんは、家庭で厳しく育てられているせいか友達にも厳しく、ゲームなどでミスばかり指摘するので、遊びが長続きしません。生活の中でも、少しでも決まりを守っていないと文句を言うので、他児からも避けられています。

考えられること

　Hくんは、他児がミスをすることや、自分の思っているように事が進まないのが嫌で、我慢できないようです。ついつい怒って友達のミスや悪いところを指摘し、文句を言ってしまう一方、言われた相手の気持ちを考えるまでには至っていません。指摘自体は間違っていないので、言われた子も言い返せず、嫌な思いをするのです。

育ちを引き出す言葉かけ

お友達には、もっと優しく言ってあげられるといいね。

相手の気持ちも考えさせ、優しく伝えることを教える

　自分の言葉で相手が傷つくことに気付けていない時は、優しく話すと相手も傷つかず、思いも伝わることを教えていきます。その上で、クラスのみんなでその日の出来事を話し合う機会をもちましょう。当事者双方の気持ちを、自分達なりに考えて話させ、どんな注意のしかたや言葉かけがよかったのかなど、子ども達が日頃感じている思いを引き出しながら、解決策を探していきます。ことあるごとに話し合う機会を設け、考える経験を重ねていくと、みんなが一人ひとりの思いに気付くようになり、言葉を選んだり考えて話したりする習慣がついていきます。

これはNG! 思いやりのない子と決めつける

「そんなことばかり言っていると、嫌われるよ」と叱るばかりでは、子どもが理解できる解決策や方向性を示していることになりません。

友達関係

CASE61

他の子がしていることを すぐ保育者に 告げ口してきます

4歳児のSちゃんは、他の子がしていることを、すぐに保育者に告げ口します。よいことではなく、友達が言ってほしくないようなことをわざと言いにきます。担任保育者が忙しそうにしていると、他の保育者に言いにきます。

考えられること

→ Sちゃんは、まだうまく友達集団になじめないでいるようです。仲間に入って一緒に遊びたいものの、うまく入ることができないので、なおさら友達の行動が気になってしまうのです。特に嫌がることを告げ口するのは、それを言うと友達が関心を示してくれたり、保育者が真剣に聞いてくれたりすると思っているからです。

育ちを引き出す言葉かけ

よく気が付いたね。先生と一緒に、みんなに話してあげようね。

これはNG! 「告げ口」を悪いことだとたしなめる

「告げ口する方が悪い」と、たしなめたり叱ったりしては、友達との橋渡しができません。

気付きをほめ、友達と関われるよう橋渡しをする

友達に関心があるのに上手に関われていない子の「告げ口」は、仲間に入れないことが原因である場合が多いので、友達の中に入れるような、きっかけや遊びの工夫を探していくことが必要です。保育者が「『Sちゃんが廊下を走ってけがをしたら大変！』って心配していたよ」と他の子に話して橋渡しをしたり、その子の得意なことやよい面を、友達にわかってもらえる活動をたくさん取り入れたりしながら、関係作りをしていきます。一緒に遊ぶ中で、友達と楽しさやおもしろさを共有し、仲間意識が出てくると、告げ口をする気持ちもなくなっていきます。

行動理解

CASE62

マイペースで行動が遅く、集団行動に影響が出てしまいます

5歳児のNちゃんはマイペースで、急いだり焦ったりすることがありません。集団行動では、いつも友達を待たせてしまうので、時間がなくなって散歩の行き先が変わったり、遊ぶ時間が十分に取れなかったりするなど、クラスの活動にも影響が出ています。

考えられること

Nちゃんのように、周りの雰囲気に気付かずマイペースな子は、友達の行動に左右されずに自分のペースでじっくり遊べるというよい面もありますが、集団行動での活動範囲や時間を狭める原因になってしまうことも。行きたかった散歩先に行けなくなるなど、他の子どもの活動に影響が出たり、不満が出たりすることもあります。

育ちを引き出す言葉かけ

これから○○するからね。片付けて、準備してね。

少し早めの行動を促し、周りと一緒に行動する経験を積む

5歳児の行動ペースを変えるのはなかなか難しいことですが、いつも、他の子ども達を待たせたり、迷惑をかけたりしているのであれば、本人が気付いて少し努力すべきところです。そこで、集団行動をする時は保育者が先を見越して、みんなより少し早く声をかけましょう。早めに行動をスタートさせることで、全体の動きに間に合うようにしていきます。みんなと同じタイミングで行動できた経験を増やしていくと、Nちゃんの中で、それが当たり前になってきます。そして、徐々にみんなから遅れることが気になるようになり、同じペースでやろうと急ぐようになります。

 これはNG!

「遅い」「早くしなさい」を連発する

「早くしなさい」とばかり言われても、遅れているという事実も、対処法もわからないので、子どもが困惑してしまいます。

友達関係

CASE63

何かにつけて遊び友達を仲間外れにしてしまいます

5歳児のTちゃんは、何かにつけて友達を仲間外れにします。いつも同じ子というわけではなく、毎回自分に都合のいい子を選んで遊ぶので、ちょっと前まで遊んでいた子が仲間外れになることもあります。

考えられること

→ Tちゃんは、特定の友達関係ができていないようです。また、自分で遊びを見つけたり展開したりするのが苦手なのかもしれません。楽しそうにしている友達に入れてもらって2人で遊びたいだけで、意地悪をしているつもりはなく、まだ、みんなと一緒に遊ぶ楽しさがわかっていないのです。

育ちを引き出す言葉かけ

みんな、仲間に入れてね。
一緒に遊ぶと楽しいよね。

保育者が入ることで、友達と楽しく遊ぶ経験につなげる

　普通であれば、5歳児は気が合う友達やいつも一緒にいたい子ができて、遊びが盛り上がり、発展する時期です。Tちゃんのように友達関係と遊びに課題がある場合は、保育者が子どもの中に入って一緒に遊び込みながら、遊びの輪を広げていきましょう。Tちゃんや他児の思いをくみ取りながら、遊びが楽しくなるように工夫します。みんなで遊んで、楽しい思いを繰り返し経験していくと「仲間意識」が芽生え、友達を受け入れる余裕ができてきます。そして、相手の思いに気付いたり、いろいろな友達が入って遊ぶと楽しいということがわかってきたりするのです。

 これはNG!

仲間外れにする行為を意地悪と捉える

「意地悪はいけません」と遊びの途中でも一方的に叱っては、子どもの気持ちを傷つけるだけで関わりは発展しません。

友達関係

CASE64

自己主張が強く、何でも自分の思いを通そうとします

5歳児のNくんは、何でも自分が中心にならないと気が済みません。自分の考えを主張し、いろいろなことを自分の都合のよいように仕切ってしまいます。そして、友達が思うようにしてくれないと、大きな声でどなります。

考えられること

→ 年齢が上がりみんなで協力して行う活動が増えてきて、これまでのように自分の思う通りにはいかなくなると、Nくんのような葛藤が生まれます。自分と違う友達の言動が、受け入れられないのです。相手の気持ちを受け入れるなど、友達と協調した経験が少ないので、主張が通らないとすねたり怒ったりしてしまうのです。

育ちを引き出す言葉かけ

Nくんの話をみんなが聞くよ。Nくんも、みんなの話を聞いてね。

話し合いを通じ、意見を聞いたり協調したりする機会を作る

　5歳児になると、いつも自分の思い通りとはいかず、友達と一緒に考えながら活動を進めていかなければなりません。思いのズレが生じた時は、子ども同士で話し合い、どうするか考える場を設けていきましょう。大人が結論を話してしまうのではなくて、子ども一人ひとりが自分の思いや意見を言うことで、お互いに理解が進みます。どうしても気持ちが収まらない時には、他児から離してクールダウンさせます。そこで思いを一時的に受け入れながら、どうすればよいかを保育者と一緒に考えます。時間をかけて一つひとつ答えを出し、みんなに受け入れてもらう経験を積んでいきましょう。

 集団を乱すからと、その場から離して叱る

「自分の思い通りにはならないの！」と叱るだけで思いを理解しないままでは、友達との協調性は育まれません。

行動理解

CASE65

他クラスの保育者に人見知りして、泣いてしまいます

0歳児のNちゃんは、人見知りが激しく、他クラスの保育者の顔を見るだけで大泣きします。保育の応援に入ってくれる保育者にも慣れず、そばに寄られると後ずさりをして泣きます。

考えられること

0歳児は、家庭から急に大勢の集団に入ってくるので、園に慣れるのは大変なことです。保護者から離れること自体に、すでに大きなエネルギーを使っています。担任に慣れるのがやっとで、担任が動くだけでも不安になるのですから、他クラスの職員が部屋に入ってきてそばに近づくと、人見知りをして泣くのはしかたないのです。

育ちを引き出す言葉かけ

大丈夫だからね、先生が一緒にいるよ。

担任との信頼関係作りを最優先に。範囲を広げるのは後からでOK

まずは、クラス担任との信頼関係をしっかり作り上げましょう。特定の保育者が生活を共にしながら、心地よく過ごせるようにしていきます。家庭での様子を細かく聞きながら、なるべくそれに近い環境で過ごせるようにすると、場所にも安心できます。そうして、担任にも場所にも慣れたら、少しずつ外の世界に出かけて行きます。大好きな担任と一緒に、ちょっとずつ、他クラスの保育者と関わる機会を増やしていきましょう。人見知りは成長の姿で、違いがわかるから泣くのです。子どもの様子を見ながら、急がずゆっくり関係を広げていきましょう。

 これはNG! 焦って早く慣れさせようとする

「早く慣れてね」と、人見知りをしている相手に近づけたりしても、子どもの不安が増すだけです。

CASE66 行動理解

弟が生まれてから、赤ちゃん返りをしています

　2歳児のFちゃんは、弟が生まれてから急に赤ちゃん返りをしています。ちょっとしたことで不安定になり、おんぶやだっこをせがみ、母親を独占しようとする姿も出てきました。赤ちゃんをたたくこともあるようです。

考えられること

　それまで自分が中心だったところに弟ができて、みんなの気持ちを集めていることに、やきもちや不安を感じているのです。赤ちゃんに父親や母親を取られた気がするので、自分も赤ちゃんになると、同じように関わってもらえると思っているのです。また、赤ちゃんに返ることがちょっと心地よいこともあるのかもしれません。

> 育ちを引き出す言葉かけ
>
> # Fちゃんが赤ちゃんの時もかわいかったよ！ 今もみんなFちゃんが大好きだよ。

大事に思っていることを伝え、スキンシップを多くとる

　2人目が生まれると、母親はとても忙しくなります。どうしても上の子に、今までのように手がかけられなくなります。その寂しさや不安の結果が、甘えや赤ちゃん返りになっているのです。その心情を察し、上の子に目を向け、気遣う必要があります。気にかけていることや大事に思っているということを、言葉や態度で示していきましょう。スキンシップを多くとり、だっこやおんぶ、そして触れ合い遊びをたくさんすることでも気持ちが伝わります。園で気持ちが安定すると、家に帰ってからも、下の子を受け入れられる気持ちの余裕が出てきます。

 これはNG!

「お姉ちゃんなのに」と我慢をさせる

「お姉ちゃんなのに」「赤ちゃんになっちゃったの？」などの言葉をかけては、子どもの不安は残ったままです。

CASE67

行動理解

新しいクラスに慣れず爪噛みや指しゃぶりをしています

2歳児のSちゃんは、進級して新しいクラスになってから、爪噛みや指しゃぶりを頻繁にするようになりました。遊んでいて周りが気になり落ち着かない時や、ぼんやりしている時などに出てきます。

考えられること

Sちゃんは、まだ新しいクラスで自分の居場所を見つけられていないようです。新入園児の泣く姿や動揺する姿に、自分も不安になり、遊びにも集中できていない状況です。不安な気持ちを、泣いたりぐずったりする代わりに、爪噛みや指しゃぶりをすることで解消しているのです。

育ちを引き出す言葉かけ

先生と一緒に遊ぼうね！

一対一で関わって信頼関係を作り、遊びを充実させていく

進級児でも不安な様子が見られる場合は、安定して過ごせるように、担任の中から1人担当を決めて関わります。なるべく一対一で遊びに誘い、その子が好きな遊びを見つけていきましょう。一緒に好きな遊びをしたり、食事や午睡時にそばについてもらったりすることで安心し、保育者を信頼することで、自分の居場所ができてきます。そうしてクラスに少しずつなじみ始めると、別の保育者や友達にも目が向いていくのです。好きな遊びで、友達と一緒に遊ぼうとする姿が出てくると、ぼんやりしている時間も少なくなり、爪噛みや、指しゃぶりもだんだん減っていきます。

これはNG！ 指しゃぶりや爪噛みを頻繁に指摘し、止める

頻繁に声をかけて、爪噛みや指しゃぶりを止めると、かえって意識してしまいます。

CASE68

次の行動に移る時、保育者の誘いにすべて「嫌」と答え、応じません

新入園の3歳児Cちゃんは生活の切り替えが苦手で、なかなか次の行動に移れません。保育者に促されると、何でも「嫌」ばかり連発します。トイレも嫌、片付けも嫌、ごはんも嫌という具合に、すべて嫌々になっています。

考えられること

Cちゃんは園生活にまだ慣れていないので、園での一日の流れがわかっていないことが考えられます。時間が来たら次の行動に移っていくことが理解できていないので、他児達と一緒の行動が難しく、自分の思い通りにできないことにも戸惑っています。その気持ちをうまく表現できないので、「嫌」という言葉で表しているのです。

育ちを引き出す言葉かけ

トイレに行ったら、着替えようね。今やりたくなかったら、後でもいいよ。待ってるからね。

園生活の流れを丁寧に伝え、無理強いせずにやる気になるのを待つ

　子どもの様子をよく見ながら、何が嫌なのか、どこに困り感があるのかを考えて、さりげなく援助していきます。Cちゃんの場合は、園に慣れないことでの困り感があるので、園の生活には流れがあることや、流れの内容を、丁寧かつ細やかに伝えていきます。安心して次の行動に移れるように、1つ先の行動も知らせながら見通しをもたせるとよいでしょう。また、嫌がっていることを無理にさせるのは逆効果です。反対に「いいよ。やりたくなったらやろうね」と、保育者がおうようにかまえて対応すると、かえって素直に行動するものです。

これはNG!　「嫌」という言葉に過剰に反応する

「嫌だったら、先生は知りません！」「勝手にしなさい」などと怒ってつき放しても、子どもの困り感は解消されません。

行動理解

CASE69

こだわりが強く、次の行動に移ることがなかなかできません

3歳児のYちゃんは、こだわりが人一倍強く、我慢したりあきらめたりすることができません。「まだ、すべり台すべってない」「○○ちゃんがまだ謝ってくれない」など、こだわる場所や内容も、日によってまちまちです。

> **考えられること**
>
> → Yちゃんは、自分なりの強い思いがあり、違ったことが起こると受け入れられないようです。場所や時間もかまわずこだわり続けるのは、納得しないと次の行動に移れないからです。他児のように「まあいいか」と思えないのです。こだわる内容が予想しづらいので、保育者が事前に対応しておくことも難しい状況です。

育ちを引き出す言葉かけ

もっと遊びたかったんだね。じゃあ、もう１回すべり台をすべったら、終わりにしようね。

こだわりは成長の過程。受容しつつ、先の行動を示していく

　子ども達は成長する過程で、少なからずこだわりながら育っていきます。こだわった時に立ち止まって考えることで、自分なりに納得していくのです。こだわりの中身や期間は、子どもによって違うので、その子の状況を観察して理解につとめます。こだわりの理由がわかると、その子の発達が見えてくるので、気持ちに添い、一つひとつ解決していきましょう。こだわりが強い子には、１つか２つ先のことを予想して、話しておくことも効果的です。あらかじめ知っていることで、こだわらずに済む場合もあります。個別対応の必要がある場合は、園全体で対応を検討しましょう。

 これはNG! こだわりを「わがまま」と捉える

こだわりをわがままと捉え「いいかげんにしなさい！」「我慢するの！」と押さえつけても、解決にはつながりません。

行動理解

CASE70
緊張したり急いだりすると、吃音(きつおん)になってしまいます

4歳児のMちゃんは、普段は、保育者や友達と普通に話すことができますが、緊張したり急いだりすると、吃音になります。また、それを母親が気にして注意すると、よけいに吃音が強くなります。

考えられること

普段、友達同士や保育者との会話では、あまり吃音にならず、急いで話す際や母親の前だと吃音が出てしまうのは、「上手に話さなければいけない」と緊張していることが考えられます。また、Mちゃんの母親は、我が子に期待するあまり、きちんと話すことを強要しているのかもしれません。

育ちを引き出す言葉かけ

ゆっくり話せば、大丈夫。いつものように話せばいいのよ。

 これはNG！ 言い直しをさせながら、最後まで話させようとする

「もう一回言ってごらん」と何回も言い直しをさせると、さらに緊張させてしまいます。

保護者と話し合い、ありのままの子どもの姿を受け入れる

　吃音は不安や緊張の表れであることも多いといわれます。園で必要なのは、それらを少しでも和らげることです。まずはクラス活動などで、保育者や友達と触れ合って遊ぶ機会をたくさん作りましょう。人との関係がうまくいっている集団の中では、緊張感が薄れ、心地よく過ごせます。Mちゃんの行動に細やかな配慮をしながら、本人の困り感をなくし、自信がもてるよう援助しましょう。また母親は、子どもの心に大きく影響します。母親の思いも理解しながら吃音の要因を共に考え、話し合いましょう。園での姿を知らせながら、子どもの思いを上手に代弁することが大切です。

行動理解

CASE71

目立たない当番活動は「疲れた〜」と言ってやりたがりません

5歳児のKくんは、給食当番など目立つ役割なら率先して取り組みますが、目立たず力もいる布団敷き当番などは「疲れた〜」と言って、友達の半分もやりません。「疲れた」と言うと、他の子たちがやってくれると思っているようです。

考えられること

Kくんは、注目されなかったり、大変だったりする役割にはやる気が出ないようです。しかし友達の手前、やりたくないとは言えないので「疲れた」という言葉になっているのです。まだ自分が中心で、みんなのことを考えて当番活動を頑張ろう、という気持ちは育っていないのです。

育ちを引き出す言葉かけ

Kくんも手伝ってくれると早く終われるよ。先生も一緒にやるからね。

見通しを伝え、励ましながらやる気を引き出す

　率先して当番活動ができるほどには気持ちが成長していない子どもには、励ましながら見通しを伝えていくことが必要です。取り組めたらそれを認め、たくさんほめていきましょう。ほめられることで、少しずつ頑張って取り組むことができるようになっていきます。その一方で当番活動は、目立たないとしてもなくてはならない大事な役割であること、また、みんながやることが大切であることを伝えます。みんなでやりとげた後にも「頑張ったね」とほめ、次のやる気につなげていきましょう。

 これはNG!

「みんなもやっているから」と強引にやらせる

強引にやらせても、当番活動の大切さが理解できないままでは、子どもに不満が残ります。

行動理解

CASE72

「だって」「でも」と言い訳ばかりして嫌なことをやりません

4歳児のSくんは、自分が嫌なことはやりません。特に、苦手な片付けは避けることが多いので、友達から文句を言われますが、「だって」「でも」「僕だけじゃない」「今やろうと思った」と言い訳をして、謝りません。

考えられること

→ Sくんは、面倒なことはやらずに済ませたいのです。やらなければいけないことは承知していても、素直に認められないことや、友達に「いつも片付けない」と思われたくないことから、言い訳ばかりしてしまうのです。また、子どもは、都合が悪くなると、自分を守るために言い訳し、それが習慣化することがあります。

育ちを引き出す言葉かけ

どうして「だって」って言ったのか聞かせてね。どうするか一緒に考えよう！

 これはNG！ 他の子ども達と同じ次元で感情的に怒る

「いつもの言い訳」と決めつけて、他の子ども達と一緒に怒ったりあきれたりしても、解決にはなりません。

本人の言い分を聞き、素直な気持ちとやる気を引き出す

「だって」が出た時は、理由をじっくり聞いてみましょう。「やろうと思った」という返事であっても、「そうだったの」と受容し、次はやってみることを約束するなどしていきます。子どもは話を聞いてもらえると、自分が悪かったと素直に反省し、次にどうしたらよいかの答えを、自分なりに出せるようになるのです。保育者が叱るばかりでは、気持ちが伝わらず根本的に改善しません。自分からやろうとするまで、焦らず繰り返し対応していきましょう。

行動理解

CASE73

手伝いに興味が出て、食事の配膳をやってみたいようです

4歳児クラスの子ども達は、昼食時、保育者が配膳や片付けをしていると、そばで手伝いたがります。一人が始めると、他の子達もやりたがって収拾がつかなくなるのでさせていませんが、手伝いに興味があるようです。

考えられること

4歳頃は、自分のことは自分でできるようになるので、配膳などの様子を毎日見ていて、やってみたいと思うのです。同時に、いろいろなことをやってみたいと思う時期です。特に大人の手伝いに憧れ、それができることに優越感を感じます。ですから、誰かが始めると他の子もやりたがるのですが、いきなりでは不安も残ります。

育ちを引き出す言葉かけ

お手伝いは、自分の食器を片付けることからやろうね。そしたら、ごはんも配れるよ！

簡単なことから始め、慣れてからチャレンジする

意欲をくんで手伝いに取り組ませたいところですが、注意しながら行動するのはまだ難しい時期です。まずは、自分の食器を片付けることから始め、食器の扱いに慣れさせていくとよいでしょう。よそ見やおしゃべりをしながら片付けると、友達にぶつかったり、転倒してけがをしたりします。特に陶器は、割れると大きなけがにつながりますので、注意が必要です。上手に片付けができるようになると、配膳の手伝いも可能になります。当番制にして、少ない人数で行うようにすると、子どもの様子が把握でき、危険な状況も察知しやすくなって安心です。

 これはNG！ 子どものやる気より危険回避を優先する

危ないことはさせないようにして、全て大人がやってしまうと、子どものやる気の芽を摘んでしまいます。

行動理解

CASE74

自分で遊んだおもちゃだけしか片付けません

4歳児のKちゃんは、自分で遊んだ物だけを片付けて、他には一切手を出しません。片付いていないと指摘されても、「それ使ってない！」と言います。何でも片付けている友達の姿も、見ているだけです。

考えられること

Kちゃんは自分で遊んだおもちゃだけを片付ければ済むと思っているようです。家庭では自分の使ったおもちゃだけを片付ければよいので、集団の中で自分が使っていない物まで片付けることに納得していません。まだ「みんなの分も片付ける」「自分たちのクラスを綺麗にする」という気持ちが芽生えていないのです。

育ちを引き出す言葉かけ

◯◯ちゃんたち、片付けるのが上手だね。きれいになって気持ちいいよ！

片付けの気持ちよさを知らせつつ、率先してやる子をほめる

　片付けは、無理にさせられるものではなく、気持ちよく過ごすために行うものです。片付けると、遊びやすくなったり、探し物が見つかったりと利点がたくさんあることを、体験から知らせていきましょう。また、率先して片付ける子や片付け上手な子をたくさんほめ、その場面を見せていくことで、やる気にさせていきます。時には、自分が遊んだおもちゃを友達が片付けてくれることも経験するでしょう。そんな時は「よかったね」と声をかけ、嬉しい思いを共有します。友達にやってもらって嬉しい経験を重ねると、自分もやってあげようという気持ちになるのです。

 片付けを強制し、無理やりやらせる

「片付けないと◯◯できません」など、強制したり次の行動に移らせなかったりしても、やる気は出てきません。

行動理解

CASE75

自分の気持ちや考えを人前で言うことができません

5歳児のSちゃんは人前で話すのが苦手で、自分の気持ちや考えを話す時に、ひどく緊張してしまいます。考え込む時間が長引いて沈黙が続くと、友達にせかされるので、さらに緊張して話せなくなります。

考えられること

Sちゃんは、失敗してはいけないという思いが強く、上手に話そうとするあまり緊張するのです。みんなに注目されているというだけで、気持ちが落ち着かないうえ、自分1人で話さなければならないと思うと、ドキドキしてしまうのです。友達に「早くして」と言われると、よけいにうまく話せなくなるのも無理ありません。

育ちを引き出す言葉かけ

○○ちゃんと話してる時みたいに、話したらいいんだよ。

失敗してもよいことや、緊張しないで話せる方法を伝える

　失敗してはいけないという思いが強く、話すことに緊張してしまう子には、いつも友達と話す時と同じでよいことや、物事は失敗しながら上手になっていくことを伝えましょう。その上で、人前で話す時には保育者がそばで安心させながら、話しやすいようにアドバイスや質問をし、その子が話したいことを引き出していきます。また、人前で話すことに慣れるように、普段から少人数のグループで、体験したことや日々の出来事について話す機会を多く作ります。楽しい遊びや活動の中で、自分の思いを話し、話したことが相手に伝わる経験を重ねると、自信につながります。

 これはNG! 緊張を理解せずに、「早く」と発言をせかす

「Sちゃんの番だから」「みんな待っているから」とせかしても、緊張感が増すだけで話せるようにはなりません。

行動理解

CASE76

人前に出ると緊張して、わざとふざけてしまいます

　5歳児のGくんは、発表会や運動会などで人前に出ると、緊張して、練習したことができなくなってしまいます。それが恥ずかしくなるのか、反対にふざけてみんなを笑わせ、その場をやり過ごそうとします。

考えられること

　Gくんが緊張しているのは、「普段と違う場面」です。みんなが見ているから上手にやりたいという思いに加え、保育者や友達が気を張っていることも肌で感じるので、よけいにいつもの自分が出せないのです。練習通りにできなかったり、間違ったりする不安から逃れようとするあまり、悪いと思いつつ、ふざけてしまうのです。

育ちを引き出す言葉かけ

いつもと同じでいいのよ。間違っても、失敗しても大丈夫！先生はそばにいるよ。

 これはNG！ 保育者が失敗を恐れ、緊張の中で練習させる

保護者の評価を意識し過ぎて、緊張の中で練習しても、子どもに負担を強いるだけです。

失敗しても大丈夫と思える、言葉かけや経験を重ねていく

5歳児になると、いろいろな行事などで中心になって活動しなければなりません。誇らしい反面、まだまだ自信がなく緊張してしまう場面も見られます。緊張を和らげるには、保育者が普段から「失敗しても大丈夫」と伝えていくこと、そして、さまざまな経験を重ねて、子ども自身が自信をつけることが大切です。日々の活動で失敗も成功も体験し、それを繰り返していくと、「失敗しても何とかなる」と思えるようになります。同じ思いが保育者にもあると、自然と子どもはその空気を察して、安心するのです。そうすると、大勢の人の前でも、いつもの自分でいられるようになります。

行動理解

CASE77

都合が悪くなると作り話をして、友達を言いくるめようとします

5歳児のMちゃんは、クラスのリーダー的存在でしたが、最近は友達にも自分の思いが出てきて、以前のようについてこなくなりました。そんな時Mちゃんは、作り話をして友達を言いくるめ、リードしようとしています。

 考えられること

リーダー的存在として過ごしてきたMちゃんは、自分は友達より優位だというプライドがあるのかもしれません。常に中心でいたい、思いを通したいという気持ちがあるものの、思いを伝えたり歩み寄ったりした経験がないので、対処がわからず、作り話によって友達の興味を引き、リーダーシップをとりたいと思っているのです。

> 育ちを引き出す言葉かけ

どうしたかったのか本当の気持ちを話したらわかってくれると思うよ。

一緒になわとびしたいな

 これはNG! **性格が悪いと決めつける**

心情をくみ取らず「意地悪」「嘘をつく」など悪い評価をしてしまうと、思いの表現や話し合いへの育ちは引き出せません。

作り話ではなく、自分をわかってもらう方法を伝える

　プライドが高い子は、思い通りにいかない時、泣いたり怒ったりするのではなく、作り話をしてリーダーシップをとっているように振る舞うことで、プライドを守ることがあります。そんな時は、そのままの自分でよいこと、作り話をしなくても、素直に自分の気持ちを話したら友達はわかってくれることを伝え、体験からも知らせていきましょう。子ども同士で何か起こった時、保育者はいきさつを丁寧に振り返りながら、当事者双方の気持ちを十分に聞きます。自分の思いを表現しつつ、相手の話も聞く経験を重ねることで、互いに納得がいく話し合いができるようになっていきます。

163

保護者対応

CASE78

肌をただれさせるなど、忙しさで子どもへのケアが不十分な保護者

0歳児のKちゃんの保護者は、子どもが4人いて忙しく、丁寧な子育てができていません。家庭でおむつ交換をすると、拭き取りなどのケアが不十分なため、休み明けはいつも、Kちゃんのお尻が赤くただれてしまっています。

考えられること

0歳児は、皮膚トラブルを起こしやすく、日頃からの丁寧なケアが必要です。一度ただれると治るのに時間がかかり、子ども自身にも負担がかかります。Kちゃんの保護者は、忙しさに振り回され、また平日は園で対応してもらっているので安心して、子どもの皮膚トラブルを心配するまでに至っていないようです。

> 育ちを引き出す言葉かけ
>
> # 毎日お忙しそうですね。今日はお尻が赤かったのですが、お湯で拭くと少しよくなりました。

多忙さに共感しつつ、園で行っている対応を具体的に知らせる

　赤ちゃんの肌は、ちょっとしたことでトラブルになります。便の後などは必ずきれいに拭くことが必要です。家庭でケアが不十分な場合は、園でできるだけ丁寧に対応します。同時に、保護者に対して、子どもの体の状況や園での対応を、さりげなく話すとよいでしょう。信頼関係ができてきたら、家庭で心がけてほしいことを少しずつ伝えていきます。最初から要求ばかり伝えると、反発されてしまうこともあります。まずは保護者の大変さを理解し、受容しましょう。共感してもらえると、保育者の話に耳を傾けてくれますので、気長に対応しましょう。

 これはNG！ **指摘ばかりで対応を伝えない**

家庭状況の理解や受容を行わず、お尻がただれていることだけを毎回指摘しても、ケアを意識してもらうことはできません。

保護者対応

CASE79

前日に39°Cの熱を出したのに、子どもを登園させる保護者

1歳児のSちゃんはよく熱が出ますが、微熱でも普段通り登園します。39°Cで早退した次の日でも、保護者は「熱は下がりました」と登園させます。病院の受診と投薬をしていても、薬が切れると熱が上がることがよくあります。

考えられること

熱を出しやすい子どもは園を休むことも多く、保護者も仕事と家庭の両立が大変です。ですから、病院で受診し、熱が下がり、子どもも大丈夫そうであれば、登園させたいと思うのはしかたありません。決して、子どものことを心配していないというわけではなく、有給休暇の限界や仕事で休めない状況など、複雑な思いがあるでしょう。

> 育ちを引き出す言葉かけ

今日はもしかしたら、熱が上がるかもしれませんね。その時は電話しても大丈夫ですか？

保護者の事情に歩み寄りつつ、子どもの負担にも配慮する

　仕事を休めない保護者の事情も加味して、熱が上がったら必ず迎えをお願いするなどしながら、一旦は受容します。基本的には、熱が下がれば登園できますが、投薬での解熱は子どもに負担がかかっている場合もあります。子どもや保護者にとってよい状況や方法を、歩み寄って一緒に考えましょう。普段、受容されていると信頼関係ができ、いざという時に保護者は頑張るものです。「まったく！」と思いながら渋々受け入れていると、必ずその思いが伝わってしまいますので、真摯（しんし）に対応していくことが大切です。

 これはNG！ **熱が上がると断言し、受け入れない**

保護者の状況も聞かず、「昨日高熱を出したので、今日はゆっくり様子を見てください」と断ってしまうと、信頼関係が崩れてしまいます。

保護者対応

CASE80

「いつもうちの子ばかり噛まれる」と訴えてくる保護者

1歳児のWちゃんは、友達の遊びに興味が出てきて、どんどん近づいていくので、相手の子から噛まれてしまうことが何度か続きました。「なぜ、うちの子ばかり」と保護者は不満を言っています。

> **考えられること**
>
> 1歳児はいろいろなことに興味が出ますが、言葉でうまく話したり相手の様子を判断したりすることはまだできません。そのため気になったらどんどん向かって行き、驚いた相手に噛まれてしまうことがあります。保護者はそういった状況がわからないので、何もしていない自分の子が噛まれていると感じるのではないでしょうか。

> 育ちを引き出す言葉かけ

ご心配をおかけしました。いつも一緒なので、噛まれることが重なりました。止められなくてすみません。

 これは NG!
「この年齢ではお互い様」で終わらせる

噛みつきは発達の過程だからと、事実の報告のみで対策を伝えないと、保護者の不安が増し、信頼関係も崩れてしまいます。

謝罪した上で、いきさつと今後の対応を丁寧に話す

噛まれることが数回続くと、保護者は「うちの子ばかりどうして」と思うものです。まずはその気持ちを受容しましょう。そして噛まれたいきさつを丁寧に話し、「止められなかったこと」を謝罪します。こんな時、保護者の心情は日頃の保育者との信頼関係が大きく影響します。普段から、その日の様子を細やかに話して他児も含めた子ども達の姿や発達を伝えたり、保護者が日々の様子を見る機会をもったりしておくと、噛まれたことが「突然」と受け取られなくなります。同時に、保育の見直しも必要です。人数は適当かどうかや、遊びの集中度の違いなどを考慮してグループ分けをするなどの対応を行い、保護者にも伝えていきましょう。

保護者対応

CASE81

連絡帳に書くだけで、口頭では何も伝えてくれない保護者

入園したての1歳児、Rちゃんの保護者は、送迎時に顔を合わせても、伝達事項を話してくれません。いつも連絡帳には大量に書いていますが、急ぎの内容や簡単に伝えられることもあり、口頭で話してくれたらと思います。

考えられること

　入園したてで、まだ伝え方がわからないのかもしれません。また、朝は忙しくてゆっくり話せないので連絡帳に書く方がよいと思っていたり、保育者に遠慮していたりといった理由も考えられます。どちらにしても、新入園児の保護者は、わからないことが多いので、園の利用についてなどはきめ細かく伝える必要があります。

> 育ちを引き出す言葉かけ
>
> # お子さんの体調や大切なことは朝、保育者に口頭でお伝えください。

園の状況に応じたお願いごとを伝えつつ信頼関係づくりをする

　園の方針や決まりごと、お願いごとなどを、最初から全て理解してもらうのは困難です。少しずつ丁寧に知らせたり、確認したりすることが大切です。「子ども達が登園してすぐには全員分の連絡帳を読めないので、大切なことは口頭で知らせてください」など園の状況も伝えながら、理解してもらいましょう。乳児は特に園と家庭との綿密な連携が大事です。園での子どもの様子を、細やかに保護者に伝えながら信頼関係を構築し、一緒に成長を援助していきます。そうやって関係ができていくと、慌ただしい朝でも萎縮せず、必要事項を伝えてくれるようになります。

 これはNG!

気難しい保護者だと決めつける

口頭で伝えてくれないからといって、気難しいというレッテルを貼ってしまうと、連携がうまくできません。

保護者対応

CASE82

朝食を用意できず、食べさせないで登園させる保護者

2歳児のTくんは、保護者が多忙で朝食が用意できないため、朝食を食べずに登園します。午前中はだるそうにしていてなかなか遊び込めず、集団遊びも嫌がって参加しません。昼食を食べると、元気になります。

考えられること

→ Tくんの保護者は、朝、起こして園に連れてくるだけでもやっとなのです。朝が弱い、自分たちに朝食の習慣がないなどで食べないのが当たり前で、子どもには朝食が重要であることを理解していないのかもしれません。しかし子どもは、朝食を食べないと元気が出ず、遊びに参加する意欲にも影響してしまいます。

育ちを引き出す言葉かけ

朝食を食べると元気に遊べるんです。バナナ1本でもいいですよ。

朝食の重要性を伝え、できることから取り組んでもらう

　2歳児は、まだ「おなかが空いた」とうまく表現できない場合もあるので、大人が配慮しなければなりません。保護者には、午前中は元気が出ずに遊べていないことや、昼食を待ち切れない様子など子どもの姿を話し、朝食の重要性を伝えることが必要です。まずはバナナ1本など簡単な物でも食べてくるように話し、慣れてきたら、具体的なメニューや作り置きのこつなどを、栄養士のアドバイスを受けながら知らせていくことも1つの方法です。子どもの状況から困り感を話すと、保護者の意識も違ってきます。家や園での状況を話し合い、できることから取り組んでいきましょう。

 これはNG！ 生活習慣の見直しを、一方的に話す

頑張っているという思いに寄り添わずに、要望やマイナス面ばかり話しては、保護者のやる気を失わせてしまいます。

CASE83

いつも厚着で登園させ日中も脱がせないよう求める保護者

2歳児のSちゃんの保護者は、1人目の子どものせいか、とても心配性です。必ず普通より多く洋服を着せて登園し、日中も脱がせないでほしいと言います。

> **考えられること**
>
> 初めての子どもの場合、園に預けるのも初めての上、園での様子がわからないので、保護者としては心配なことが多いものです。また保護者は、働く上でいろいろな事情を抱えています。休みが取りづらかったりすると、子どもに風邪をひかせまいと、厚着をさせることで安心しているのです。

> 育ちを引き出す言葉かけ
>
> # 今日は、園庭で楽しそうに走っていましたよ。途中、暑くなって自分で上着を脱ぎました。

子ども自身が暑がっていることを、さりげなく伝える

　子どもが体調を崩しやすいからと、重ね着をさせている保護者がいます。仕事を休まないように、子どもの風邪を予防したいという気持ちがあるのです。そこをくみ取り、まずは保護者が安心できるよう厚着を受け入れましょう。しかし、子ども本人が暑がったり、厚着で体を動かすことでかえって汗をかき、風邪をひいてしまったりすることもあります。日々、子どもの姿を伝えていく中で、信頼関係ができてきたら、薄着が健康作りによいことを少しずつ伝えていきましょう。2歳児が自分で服装の調節をするのは難しいので、様子をみながら、大人が配慮していきましょう。

 これはNG！　保護者の思いを受容せず、厚着を否定する

子どもにとっては薄着が大事だからと、登園時に無理やり薄着にさせるなどすると、保護者の心配が増すだけです。

CASE84

トイレトレーニングを急いで進めようとする保護者

2歳児のKちゃんは1月生まれで、まだまだ排尿間隔が確立していません。しかし保護者は、0歳児の妹に手がかかるからと、早くパンツに移行してほしいと言います。他児がパンツになっているのも気になるようです。

考えられること

Kちゃんの保護者は、おむつは早く取れる方がよく、大人が時間を見てトイレに連れて行けば、簡単に取れると思っているようです。また、同じ2歳児でパンツになっている子を見て、焦っているのかもしれません。しかし、家庭でのトイレトレーニングは難しいので、園でやってほしいのです。

育ちを引き出す言葉かけ

まだ無理をしないで、トイレで出るようになったらパンツにしてみましょう。

時期や個人差を考慮し、無理をしないことを伝える

トイレトレーニングにはその子なりのタイミングがあることを、保護者に伝えていく必要があります。おむつが取れる時期は個人差が大きく、決して同じようにはいきません。トイレトレーニングを急いでパンツにしても、失敗が続き、子どもが落ち着いて遊ぶことができません。時期を待ちながら、安心して過ごすことが大切です。ある程度の時間、膀胱(ぼうこう)に尿を溜めてトイレに座った時に出せるようになったら、パンツに移行できます。午睡後におむつが濡れていなければ、トイレに誘いましょう。また家庭でも、長時間していない時はトイレに誘ってもらうなど、協力してもらいましょう。

 これはNG!

「まだ早い」のひと言で終わらせてしまう

保護者の思いを受け止めず、時期ではないと、簡単に断ってしまうと、不満を残します。

保護者対応

CASE85

反応が薄く、コミュニケーションが取りづらい保護者

2歳児のAちゃんの保護者は、毎日送迎で接していますが、子どもの様子を話してもほとんど反応がありません。こちらの思いが伝わっているかどうかもわからないので、何を話してよいかわからなくなり、緊張します。

考えられること

→ 子どもと同じで、保護者の性格やタイプもさまざまです。育った環境や仕事環境も違いますので、みんなが同じではありません。また大人でも、初めての場所になかなかなじめず、自分を出せないこともあります。保育者が困っているのと同じように、保護者も何を話してよいのかがわからないのです。

育ちを引き出す言葉かけ

Aちゃんは今日、こんなことをして遊んでいました。楽しそうでしたよ。

毎日子どもの話をし、できればユーモアを交えてみる

さまざまなタイプの保護者がいますが、苦手意識をもたず、公平に接していきましょう。基本的には、日々の子どもの姿や伝達事項を細やかに伝え、余裕があれば、たあいない話を盛り込んでみます。反応が薄いと心配になりますが、自分の子どもが、園でどのように過ごしていたかを聞きたくない保護者はいないもの。「今日こんなかわいい姿がありましたよ」など聞きたくなるような話をたくさんしていくうちに、保護者も話してもらうことが楽しみになります。そういった日々の積み重ねから、信頼関係ができていくと、反対に保護者から話しかけてくれるようになるでしょう。

 これはNG! 話が伝わらないと決めつけ、苦手意識をもつ

話しても通じないとあきらめ、苦手意識をもつと、相手も同様の思いになってしまいます。

保護者対応

CASE86

遅くまで就寝させず、睡眠不足のまま登園させる保護者

　3歳児のCくんは、小学生の兄と遅くまでテレビを観て就寝が遅く、朝は無理やり起こされて登園します。午前中はぼんやりして過ごし、午睡後にやっと元気が出ても、遊びに集中する頃には降園時間になってしまいます。

考えられること

→　小学生のきょうだいと一緒に遅くまで起きてしまうと、睡眠が足りないので、登園しても元気に遊ぶことができません。午睡後に元気になっても、その頃には降園するので、朝から元気に遊べている他児と生活リズムがずれ、園での活動や友達との遊びの積み重ねができなくなってしまいます。

> 育ちを引き出す言葉かけ
>
> # 夜はCくんの時間に合わせられるといいですね。応援していますよ。

 これはNG! 家庭のことだからと任せっきりにする

早く寝かせるのは家庭の仕事だからと園での努力をしないと、子どもの生活を改善することは難しいままです。

園と家庭とで協力して取り組むことを伝える

　睡眠時間が少なく、園での遊びや活動にも影響が出ている場合は、早めの改善が必要です。まず、夜のテレビは夜更かしの原因になりますので、家族で協力して、Cくんに合わせて時間を決めてもらいましょう。また、まだまだ一人では寝られない年齢なので、保護者がついて寝かせるようにアドバイスをします。一方、園でも他児より早く午睡に入るなど工夫していきましょう。早寝・早起きの習慣がつくまでは、根気よくみんなで協力し合うことが大事です。園での様子を話しながら、家での様子も聞き、お互い情報交換をしながら進めていきましょう。

保護者対応

CASE87

きょうだいを比較し、姉と同じことを弟にも強要する保護者

3歳児のBくんの保護者は、朝の挨拶を子どもがきちんとしないと気が済みません。「お姉ちゃんはできたよ」と上手に挨拶をする5歳児の姉と同じことを恥ずかしがり屋のBくんにも強要し、できないと大きな声で叱ります。

考えられること

Bくんの保護者は、2人のわが子を比較し、姉のように上手にできないBくんを歯がゆく思っているようです。Bくんは子どもながらに保護者の思いがわかるものの、なかなか期待通りにはできず、プレッシャーを感じているのではないでしょうか。無理やり挨拶をさせようとすればするほど、反対に意固地になってしまいます。

育ちを引き出す言葉かけ

Bくんには Bくんのペースが あるので、自分からできる 時期が自然ときますよ。

子どもそれぞれに 育ちの違いが あることを話す

　今回の場合は、挨拶ができるかできないかではなく、保護者が姉と弟とを比較してしまうことで、Bくんが幼心にプレッシャーを感じていることを、しっかりと受け止めなければなりません。保護者にも、無理にさせないで時期を待つことや、きょうだいでも違いがあることを話し、それぞれの育ちを尊重し、見守ってもらうようにしましょう。また挨拶は、自分がやろうと思ったらできるものです。強要されることで、機会を失っているだけなのですから、Bくんには「自分で言えるようになったらしてね」と伝え、自然体で受け入れていきましょう。

 これはNG！　保護者と一緒になって挨拶を強要する

「できるよね」「やってごらん」など保護者と一緒に声をかけることは、自分からやろうとする気持ちを奪います。

CASE88

読み書きを教えてほしいと言う保護者

4歳児のRくんの母親は、他児が文字を読んだり書いたりするのを見て、園でも文字を教えてほしいと言ってきました。Rくん自身は製作が得意で集中して取り組みますが、絵本や文字には、まだあまり興味がありません。

考えられること

文字への興味は、子どもによって差がありますが、Rくんの保護者は、絵本をスラスラと読んだり文字を書いたりできる子どもを、自分の子どもと比較して、焦っているようです。しかしRくんが、得意な製作や普段の遊びから、多くのことを学んでいることには気付いていないのではないでしょうか。

育ちを引き出す言葉かけ

Rくんは今、大好きな製作にじっくり向き合っています。その力がこの先役に立ちますよ。

園で遊びを通じて学んでいる姿を知らせる

　園では遊ぶばかりで学びがないと誤解している保護者も多いですが、子ども達は、普段の遊びの中から自主的に学んでいます。園でRくんが大好きな遊びに集中する姿や考えて遊んでいる姿を丁寧に話して、遊びを通して身についていく集中力と考える力が、小学校に行った後もとても大事であることを伝えましょう。また文字は、絵本を読むことや、友達同士の「手紙ごっこ」などを通して、覚えたいという意識が出て覚えていくのです。興味が薄い子でも、友達に刺激されてだんだん読み書きをし始め、多くは卒園までに名前の読み書きができるようになっていきます。

 これはNG! 園での文字指導を否定し、断る

「文字指導は学校に行ってからで十分です」「園では遊ぶのが仕事です」と言うだけでは、保護者の理解は得られません。

保護者対応

CASE89

特定の子と遊ばせないでほしいと要望する保護者

4歳児のWちゃんとTちゃんは仲よしですが、積極的なWちゃんがTちゃんを強引に動かしてしまう時もあります。送迎時、その様子を見たTちゃんの保護者に、「Wちゃんとあまり遊ばせないように」と言われてしまいました。

考えられること

Tちゃんの保護者は、強いWちゃんが弱いTちゃんを一方的に自分の思うように動かしている、と感じたので、Wちゃんに対してよい印象をもっていないようです。送迎時の一場面だけを見て、わが子の様子を不憫(ふびん)に思い、一緒に遊ばせたくないと思っているのです。しかし時として、子どもの立場は逆になることもあります。

育ちを引き出す言葉かけ

実は今日、Wちゃんを助けていました。「ありがとう」と言われて嬉しそうでしたよ。

 これはNG! 否定したり同調したりと、一貫しない対応をする

担任としての方針をもたず、対応に迷いを見せてしまうと保護者の心配が増すばかりです。

2人の関係が一方的でないことを、日々の出来事から伝えていく

4、5歳児になると、女の子達は仲良し同士で一緒に行動したがります。その中で、物静かな子が積極的な子からの押しに弱く、後からついて行くような場面が見られます。しかし、積極的な子を通して、友達関係が広まることもありますし、場面によっては、立場が逆になることもあります。保育の一場面を見て、友達によくない印象をもっている保護者には、園での2人の様子を細やかに話し、子どもが嫌がっていないことを伝えましょう。すぐには理解されなくても、話していく中で、だんだん見方が変わってきます。普段の遊びの様子を、実際に見てもらうのもよいでしょう。

保護者対応

CASE90
園外でのトラブルに対処してほしいと言う保護者

5歳児のAくんとBくんは、通っている剣道クラブで、ちょっとしたふざけ合いからのトラブルが頻繁に起きているようです。特に、ちょっかいを出されるBくんの保護者が気にしていて、園で解決してほしいと訴えてきます。

考えられること

Bくんの保護者は、わが子がいつもちょっかいを出されてばかりなのが、歯がゆくて嫌なのです。また、Aくんの保護者が自分の子を叱らないのも気に入らないなど、いろいろな不満を感じているのではないでしょうか。しかし自分では言えないので、園から注意してほしいと思っているのです。

> 育ちを引き出す言葉かけ
>
> # そこにいる大人同士で、子ども達に注意できるとよいですね。

園外での出来事はその場にいる大人が解決することを話す

園外のことでも、園の友達関係の延長と考えて、園に相談し解決してもらおうとする保護者もいますが、一方的に話を聞いても状況はわかりません。安易に片方に同意したり、注意したりするのは間違いの元です。なるべく聞くことに徹して、そこにいる大人の責任として、子ども達に対応してもらうよう伝えましょう。意地悪ととるか、子どもの遊びと捉えるかなど、双方の思いがすれ違っている時は話し合いが必要ですが、園が間を取り持つのは難しい時もあります。話は聞きながらも、最終的には自分達で解決してもらう方向に調整しましょう。

 これはNG!

間を取りもって解決しようとする

園が仲介して解決しようとすると、保護者同士の問題にまで口を挟むことになり、しこりを残してしまいます。

保護者対応

CASE91

子どもの前で夫や姑（しゅうとめ）の悪口や愚痴を言う保護者

5歳児のTくんの保護者は、送迎時子どもの様子を話していても、途中から「先生聞いてくださいよ〜」と夫や姑の悪口や愚痴を言い始めます。「そうだよねTくん」と子どもも話に巻き込むので、困っています。

> **考えられること**
>
> 保護者は、日頃の積み重ねで保育者に親近感をもつようになります。信頼しているから、時として子どもには直接関係のない、夫婦や嫁姑の関係の相談などもするのです。自分が話したいことが優先になってしまい、そばで聞いている子どもの気持ちをくむまでにはいたらない状況です。

育ちを引き出す言葉かけ

そうですか〜。Tくんはこちらで見ていますので、職員室でお話しください。

子どもの前では、家族の愚痴は聞かない

　家庭の問題は、子どもから離れた場所で聞きましょう。そして、どんな場合でも中立の立場で話を聞くことが大事です。「そうですか」と聞くことに徹しましょう。「わかります」「大変ですね」と同調してしまうと、保護者にとっては理解者となり、中立の立場にはなりません。話を聞くことで満足してもらえることもありますが、自分の立場を理解してもらいたい思いが強いので、不用意に介入すると園や保育者の立場が悪くなることもあり、注意が必要です。対処に迷う場合は園長や副園長に対応を託しましょう。

これはNG!　聞き上手になり、話に同調してしまう

話に同調してしまうと、家庭の問題に深く入り込むことになってしまい、保育者自身が立場に悩むことになってしまいます。

鈴木八重子 *Yaeko Suzuki*

社会福祉法人聖華 園長。文京区立保育園で、保育士および園長として40年間勤務。文京区版 幼児教育・保育カリキュラム策定委員、東京都公立保育園研究会副会長、東京都北区社会福祉法人・労働者クラブ・保育園評議委員などを務める。著書に『0〜5歳児 楽しく身につく生活習慣アイデアBOOK』(ナツメ社)がある。

装　　丁	野島禎三
イラスト	ホリナルミ
Ｄ Ｔ Ｐ	株式会社 群企画
本文校正	有限会社くすのき舎
編　　集	井上淳子

保育が変わる!
子どもの育ちを引き出す言葉かけ

2017年8月　初版第1刷発行

著　　者	鈴木八重子
発 行 人	浅香俊二
編 集 人	西岡育子
発 行 所	株式会社チャイルド本社
	〒112-8512 東京都文京区小石川5-24-21
電　　話	03-3813-2141（営業）
	03-3813-9445（編集）
振　　替	00100-4-38410
印刷・製本	図書印刷株式会社

©Yaeko Suzuki 2017. Printed in Japan
ISBN　978-4-8054-0263-4
NDC376　18×15cm　192P

■乱丁・落丁本はお取り替えいたします。
■本書の内容の一部あるいは全部を無断で複写複製することは、法律で認められた場合を除き、著作権者及び出版社の権利の侵害となりますので、その場合は予め小社宛て許諾を求めてください。

チャイルド本社ホームページ　http://www.childbook.co.jp/